pauker.

W0287606

Abschluss2023
Hauptschulprüfung Baden-Württemberg

Name: ____________________

Schule: ____________________

Klasse: ____________________

hutt lernhilfen

hutt.lernhilfen ist eine Marke der
Bergmoser + Höller Verlag AG
Karl-Friedrich-Straße 76
52072 Aachen

T 0241 93888123
F 0241 93888188
kontakt@buhv.de

Umsatzsteuer-Id.Nr.: DE 123600266
Verkehrsnummer: 10508
Handelsregister Aachen HRB 8580

Vorstand:
Andreas Bergmoser
Peter Tiarks

Aufsichtsratsvorsitz:
Holger Knapp

Autorinnen/Autoren:
Beate Fuhrmann, Simone Grohmann, Jasmin Johner,
Karin Ongaro, Anja Silberzahn (Deutsch)
Gundula Heidenreich, Joachim Krick (Mathematik)
Joachim Krick, Annika Leal Mayer (Englisch)

Lektorat:
Antonia Aleker, Isolde Bacher, Kevin Koch,
Joachim Krick, Magdalena Noack, Werner Wirth

Gestaltung: Hanne Hutt

Umschlag:
Konzeption + Gestaltung:
Hanne Hutt
Fotografie:
Anna Leippe

© Alle Rechte vorbehalten.
Fotomechanische Wiedergabe nur mit
Genehmigung des Herausgebers.

Ausgabe 2022/2023

ISBN: 978-3-88997-855-4

klimaneutral Printprodukt natureOffice.com | DE-077-178633

SPORT IN DER SCHULE

KEINE MACHT DEN DROGEN

Inhaltsverzeichnis

Deutsch – Lösungen

Die Lösungsvorschläge in den Schreibaufgaben sind als Orientierungshilfen gedacht. Andere Lösungen werden dadurch keineswegs ausgeschlossen.

Mathematik – Lösungen

Die Lösungswege in Mathematik orientieren sich am Bildungsplan des Hauptschulbildungsgangs Baden-Württemberg.

Englisch – Lösungen

Die Lösungsvorschläge im Teil „Writing" sind als Orientierungshilfen gedacht. Andere Lösungen werden dadurch keinesfalls ausgeschlossen.

Textverständnis

1. Richtiges Zitieren

Keine Musterlösungen

2. Wörterbuchgebrauch

1. Wörterbucheinträge deuten

- Der Strich steht dafür, dass es in diesem Fall keinen Plural gibt.
- Das Wort wird im Fachgebiet Medizin verwendet.
- to-xi-ko-lo-gisch

2. Wörterbucheinträge deuten

- Die Unterstreichung zeigt an, wo die Betonung des Wortes liegt.
- die Mienen
- Mine nur mit „i" bezeichnet einen Bergwerksstollen, in dem z. B. Gold oder Kohle abgebaut wird. Das ist also ein anderes Wort und wird deshalb ohne „ie" geschrieben.

3. Wörterbucheinträge deuten

- Das ø erklärt die Aussprache, es wird als ö gesprochen.
- Abk. steht für Abkürzung.
- In-for-ma-ti-ons-sys-tem

4. Worttrennungen

a) Vor-ver-kauf
The-a-ter-auf-füh-rung
Schau-spiel-haus
Pre-mi-e-re
Schne-cken-haus

b) In-di-vi-du-al-tou-ris-mus
Durch-füh-rungs-be-stim-mung
Rei-se-rück-tritts-ver-si-che-rung
Aus-lands-kran-ken-ver-si-che-rung
Ak-ti-en-ge-sell-schaft

5. Abkürzungen auflösen

m. E.	meines Erachtens
lfd.	laufend
ca.	circa, zirka
Lkw, LKW	Lastkraftwagen
n. Chr.	nach Christus, nach Christo
Hbf.	Hauptbahnhof
ggf.	gegebenenfalls
vgl.	vergleiche
z. T.	zum Teil
Anm.	Anmerkung

6. Fremdwörter bilden

a)

-vention, -jekt	Sub-	**Sub**vention; **Sub**jekt
-nomen, -duktion	Pro-	**Pro**nomen; **Pro**duktion
-logie, -metrie	Geo-	**Geo**logie; **Geo**metrie
-demie, -lepsie	Epi-	**Epi**demie; **Epi**lepsie
-logie, -top	Bio-	**Bio**logie; **Bio**top

b)

Per-/per-	Per**formance**, Per**sonifikation**, per**fekt**, peri**odisch**
Mikro-/mikro-	Mikro**skop**, Mikro**fon**, mikro**biologisch**, mikro**kosmisch**
Trans-/trans-	Trans**fer**, Trans**formation**, trans**atlantisch**, trans**kontinental**
Anti-/anti-	Anti**these**, Anti**pathie**, anti**bakteriell**, anti**autoritär**
Sym-/sym-	Sym**bol**, Sym**posium**, sym**pathisch**, sym**metrisch**

3. Sachtexte

Sachtext 1: „Ein Bienenvolk für den heimischen Balkon"

1. Richtige und falsche Aussagen ankreuzen

	richtig	falsch
Ein Bienenvolk kann bis zu 40 Kilo Honig im Jahr produzieren.	x	
Vor Bienenangriffen muss man sich mit spezieller Ausrüstung schützen.		x
Um ein Bienenvolk zu mieten, benötigt man einen Balkon im Grünen.		x
In Deutschland werden Obst und Gemüse überwiegend von Bienen bestäubt.	x	

2. Aussage in eigenen Worten erklären

a) Der Imker ist allergisch auf Bienenstiche. Deshalb könnte man meinen, er vermietet die Bienenstöcke, um die Tiere loszuwerden. Dies ist aber nicht der Fall. Er möchte einen Beitrag zum Naturschutz leisten.

b) Die Isamuchamedows sind noch am Anfang mit ihrer Idee, aber bald werden die ersten Verträge abgeschlossen.

3. Tabelle vervollständigen

a)	Name des Autors / der Autorin	Andrea Jenewein
b)	Name des Hobbyimkers / der Hobbyimkerin	Maxim Isamuchamedow
c)	Honigertrag	15 bis 40 Kilo im Jahr
d)	Platzbedarf für einen Bienenstock	freie Fläche von 4 qm
e)	Miete für einen Bienenstock	150 bis 195 Euro im Monat

4. Textbelege für Aussagen finden

- „Vielmehr müsse man Angst davor haben, dass es irgendwann keine Bienen mehr gibt, denn die Bienen sind bedroht." (Z. 14 ff.)
- „Schon Albert Einstein sagte 1949: ‚Wenn die Biene einmal von der Erde verschwindet, hat der Mensch nur noch vier Jahre zu leben. Keine Bienen mehr, keine Bestäubung mehr, keine Pflanzen mehr, keine Tiere mehr, keine Menschen mehr.'" (Z. 17 – 21)
- „Wichtiger als der Honigertrag, so hofft er, sollte den Mietern aber der Nutzen der Bienen für die Menschen und die deutsche Landwirtschaft sein. ‚Wir hoffen, durch das Projekt die Menschen darüber aufzuklären, was ihre Lebensgrundlage ist: 80 Prozent des Obsts und Gemüses aus Deutschland wird von Bienen bestäubt', sagt Isamuchamedow." (Z. 68 – 74)

5. a) Fragen an Maxim Isamuchamedow formulieren

- Wie kann ich mich für den Bienenschutz einsetzen, wenn ich selbst nicht die Möglichkeit habe, einen Bienenstock zu mieten?
- Wie wird man eigentlich Imker/-in?

b) Möglichkeit für den Bienenschutz beschreiben

Wer einen Garten oder einen Balkon hat, kann z. B. Wiesenblumen aussäen, um den Bienen Nahrung zu bieten. Außerdem kann man ein flaches Wasserschälchen sicher auf das Fensterbrett stellen oder mit einfachen Mitteln, wie Stöckern, ein Insektenhotel basteln und es draußen anbringen.

Sachtext 2: „So viel kosten Büroflächen in deutschen Großstädten"

1. Thema der Grafik

In der Grafik geht es um die Mietpreise für Büroflächen in sieben miteinander verglichenen deutschen Großstädten. Dazu sind die Messergebnisse für die Spitzenmieten und die Durchschnittsmieten sowie der jeweilige Gesamtbestand anhand verschiedener Symbole (Säulen für die Mieten, Kreise für den Bestand) abgebildet.

2. Fehler in der Zusammenfassung

Ein Vergleich der <u>acht</u> angegebenen Städte fällt schwer, wenn man sich auf mehr als einen Vergleichsfaktor bezieht. <u>So ist der Gesamtbestand der Büroflächen in München zwar fast doppelt so hoch wie in Stuttgart</u> und höher als in jeder anderen der aufgeführten Städte, doch das bedeutet nicht, dass deshalb die Büroflächen günstiger sind. Im Gegenteil: München ist die <u>teuerste Stadt bei den Spitzenmieten</u> und nimmt den dritten Platz bei den Durchschnittsmieten ein. Berlin hingegen belegt zwar Platz 2, was die teuersten Durchschnittsmieten betrifft, liegt bei den Spitzenmieten aber deutlich hinter München: Mehr als 4 Euro pro Quadratmeter beträgt der Unterschied.

3. Richtige und falsche Aussagen ankreuzen

	richtig	falsch
Hamburg hat weniger Büroflächen als Berlin, aber mehr als Frankfurt.	x	
Hamburgs Durchschnittsmiete ist höher als die von Düsseldorf, aber niedriger als die von München.		x
Frankfurt ist in seiner Spitzenmiete so teuer wie Stuttgart und Köln zusammen.		x

4. Richtige Antwort wählen

Richtig ist Antwort 2: Aus der Grafik lässt sich das Verhältnis von Durchschnittsmiete zu Spitzenmiete bei Büroflächen errechnen.

Sachtext 3: „Was tun, wenn dich die ‚Cops' anhalten?"

1. Elemente in Tabelle einordnen

Titel	1. *The Hate U Give*	2. *Was tun, wenn dich die „Cops" anhalten?*		
Figuren/ Personen	3. *Angie Thomas*	4. *Katrin Hörnlein*	5. *„eine Kollegin"*	6. *Starr*
Rollen	7. *Romanautorin*	9. *Journalistin*	8. *Romanautorin*	10. *Hauptfigur des Romans*
Zitate	12. *„Ich will, dass die Leute sehen, was da draußen los ist!"*	13. *„Es ist schwer, diesen Roman zu lesen, ohne gemeinsam mit Starr abwechselnd wütend zu werden (...)."*	11. *„Wenn ich über Außerirdische schreiben kann, warum nicht auch über Schwarze."*	

2. Richtige und falsche Aussagen ankreuzen

	richtig	falsch
Angie Thomas las als Mädchen gerne Harry-Potter-Bücher.	x	
Angie Thomas ist heute 30 Jahre alt.	x	
Angie Thomas kommt aus Jackson, einem Vorort von New York.		x
Angie Thomas erzählt die Geschichte der beiden Freunde Starr und Khalil.	x	
Angie Thomas versuchte sich eine Zeit lang als Rapperin.	x	

3. Richtige Antwort ankreuzen

a)	selbst ein Vorbild sein und anderen zeigen, dass auch eine junge schwarze Frau erfolgreich Bücher schreiben kann.	x

4. Erklärung der Aussage

Der Satz bedeutet, dass gerade jene Menschen, die sich selbst als tolerant gegenüber Menschen aller Hautfarben ansehen, Angst vor Schwarzen haben und mit Vorurteilen behaftet sind, zum Beispiel jenem, dass Schwarze kriminell seien.

5. Hintergrund der Ratschläge

Die Eltern sind sich bewusst, dass es Polizeigewalt von weißen Polizisten gegen Schwarze gibt, insbesondere, wenn sich die Polizisten durch die Handlungen der Schwarzen gefährdet fühlen.

6. Eigene Erfahrung zum Thema Diskriminierung und Vorurteile

a) Meine Eltern stammen aus Ghana. Wenn ich mit meiner Familie essen gehe, kommt es öfter vor, dass die Bedienung automatisch annimmt, dass wir kein Deutsch können. Die Menschen sprechen dann oft in unvollständigen Sätzen und extra laut.

b) In der achten Klasse kam ein Junge zu uns, der ziemlich übergewichtig war. Deshalb bin ich davon ausgegangen, dass er sich nicht gerne bewegt und schlecht in Sport ist. Bereits in der ersten Unterrichtsstunde zeigte sich allerdings, dass das gar nicht stimmte und er mich mühelos überholte.

Sprachgebrauch

1. Groß- und Kleinschreibung

1. Richtige Groß- und Kleinschreibung

a) Es duftet nach **f**rischen Plätzchen.
b) Die Bergwacht rettete die **V**erschütteten.
c) Unser Lehrer informiert uns über **W**issenswertes zur Prüfung.
d) Meine beste Disziplin ist das **L**aufen.
e) Die Detektive suchten vergeblich nach den **v**erschwundenen Menschen.
f) Unsere Lehrerin konnte uns viel **S**pannendes in Mathe beibringen.
g) Meine Freundin und ich hatten **e**reignisreiche Ferien.

2. Groß- oder Kleinschreibung auswählen und begründen

a) Sie trug am liebsten Kleider in **Grün**.
(weil das Adjektiv hier wie ein Substantiv gebraucht wird)
b) Im Unterricht erfahren wir viel **Neues**.
(weil das Wort „viel" hier den substantivischen Gebrauch anzeigt)
c) Am **liebsten** esse ich Pfannkuchen.
(weil es der Superlativ des Adverbs „gern" ist)
d) Die Polizei tappt bei der **Aufklärung** des Verbrechens weiterhin im **Dunkeln**.
(weil es sich um ein Substantiv, dem eine Präposition und ein Artikel vorangeht, und eine feste Wendung handelt, der eine Präposition mit verschmolzenem Artikel vorangeht)
e) Beim **Sprinten** ist Finn immer der **Schnellste**.
(weil es eine Substantivierung des Verbs „sprinten" und eine Substantivierung des Adjektivs „schnell" ist)
f) Im **Oktober** findet immer unser **Klassenfest** statt.
(weil es sich um Substantive handelt)

3. Text in richtiger Groß- und Kleinschreibung

[…] Die Jungforscher aus Königs Wusterhausen (Dahme-Spreewald) kennen die schockierenden Bilder von den mit Plastikabfällen vermüllten Meeren. Sie selbst treibt die Frage um, wie viel es vom sogenannten Mikroplastik im heimischen Wasser gibt. Es geht um jene winzigen Kunststoffteilchen, deren Wirkungen noch völlig unbekannt sind. Die drei haben also einfach mal geschaut, wie viel von dem Mini-Müll in einer 200-Milliliter-Peeling-Creme ist. […]

Quelle: Auszug aus Silvia Passow, in: https://www.berliner-zeitung.de/berlin/brandenburg/jugend-forscht-so-viel-mikroplastik-findet-man-in-heimischen-gewaessern-31359340

4. Großschreibung begründen

„Außerirdische" und „Schwarze" sind hier Substantive bzw. substantivierte Adjektive.

2. Getrennt- und Zusammenschreibung

1. Richtige Schreibweise

a) Peinlich sauber

Ein Chinese eröffnete in Deutschland eine Gaststätte mit einer **riesig großen** Auswahl an Speisen aus seinem Heimatland. Anfangs kamen die Gäste zahlreich.

Freudestrahlend hoffte er, dass es so bleibt, denn das Restaurant war immer gründlich gereinigt, **soweit** man sehen konnte. Der Wirt hatte dem Personal befohlen, alles mit Seife **sauber zu machen**. **Nachdem** die Gäste nach dem ersten Besuch nicht **wiederkamen**, bedrängte er **angsterfüllt** einen Gast, ihm den Grund **preiszugeben**. Der Gast antwortete: „Das Essen mag chinesisch fein sein, es schmeckt aber **seifig zart**."

b) Hochvornehm

Ein vornehmes Restaurant war bekannt für sein wirklich **hervorragendes** Essen und die passende Umgebung. **Zartgelbe** Servietten und **blendend weiße** Tischtücher gehörten zur normalen Ausstattung. Leider waren die Essensportionen nicht entsprechend groß. Ein richtig hungriger Gast fühlte sich **irregeführt** und war **bitterböse**, weil sein Hunger ungestillt blieb. Nach dem Menü fragte der Kellner den Gast: „Wie haben Sie das Beefsteak gefunden, mein Herr?" „Rein zufällig, **nachdem** ich die Kartoffel **wegschob**", antwortete der Gast. Seitdem sollen die Portionen in dem Restaurant nicht mehr **winzig klein** gewesen sein.

Quelle: Ulla Ewald-Spiller, Guenter Graf, Martina Geiger, Ute Fuhrhop, Winfried Harst, Meike Luster, Frauke Mühle-Bohlen, Hans Stammel, nach: deutsch.ideen 8. Bildungshaus Schulbuch, Seite 229

2. Getrennt- oder Zusammenschreibung

a) Ich gehe auf eine ~~allgemein bildende~~ **allgemeinbildende** Schule.
b) Meine Freunde sollten meine Eltern ~~auseinander halten~~ **auseinanderhalten** können.
c) Matrosen tragen **blau gestreifte** ~~blaugestreifte~~ Uniformen. (Zusammenschreibung auch möglich)
d) Mit dieser fiesen Erkältung solltest du dich lieber ~~krank schreiben~~ **krankschreiben** lassen.
e) Er wurde von jeglicher Schuld ~~frei gesprochen~~ **freigesprochen**.
f) Nach einem heftigen Streit sollte man nicht wortlos ~~auseinander gehen~~ **auseinandergehen**.
g) Andreas hat in Mathe wirklich ~~hervor ragende~~ **hervorragende** Noten.

3. Verbindung mit „irgend"

a) ~~Irgend jemand~~ **Irgendjemand** schreibt mir heimlich Briefe.
b) **Irgend so ein** ~~Irgendsoein~~ Blödmann hat mein Getränk umgeworfen.
c) ~~Irgend etwas~~ **Irgendetwas** war mit den Pilzen nicht in Ordnung.

4. Verbindung mit Adjektiven

a) Wenn man ~~allein stehend~~ **alleinstehend** ist, langweilt man sich oft.
b) Wenn unser Kater sauer ist, dann ist er ~~gemein gefährlich~~ **gemeingefährlich**.
c) Heutzutage sind Frauen und Männer in den meisten Fällen ~~gleich berechtigt~~ **gleichberechtigt**.
d) Bei seinem Vortrag hat er vor der gesamten Klasse **frei gesprochen** ~~freigesprochen~~.
e) Draußen war es ~~bitter kalt~~ **bitterkalt**.

3. Rechtschreibstrategien anwenden

1. Rechtschreibstrategie wählen

Sie**b**	→	verwandtes Wort finden oder Plural bilden → sieben, die Siebe
Wildnis	→	Artikelprobe, Nachsilbe -nis als Hinweis für Nomen
run**d**	→	Wort verlängern → runden
w**ä**hlen	→	verwandtes Wort finden → die Wahl
Bu**schsch**wein	→	Wort trennen → Busch-schwein
Geb**äu**de	→	verwandtes Wort finden → bauen
Ra**ss**e	→	Wort trennen → Ras-se, Konsonantendopplung nach kurz gesprochenem Vokal
Wo**nn**e	→	Wort trennen → Won-ne, Konsonantendopplung nach kurz gesprochenem Vokal
Bur**g**	→	Wort verlängern → Burgen

2. Unterschiedliche Schreibweise erklären

a) er sin**g**t: 3. Person Singular Präsens von singen – er sin**k**t: 3. Person Singular Präsens von sinken
b) bun**t**: beschreibt eine Farbgebung, z. B. bunte Fische – Bun**d**: vom Wort binden abstammend, z. B. Hosenbund, Bund der Steuerzahler
c) **v**iel: beschreibt eine Menge, z. B. viele Menschen – **f**iel: 3. Person Singular Präteritum von fallen
d) en**t**scheiden: Vorsilbe „ent" – En**d**station: stammt vom Wort Ende
e) lie**ß**: 3. Person Singular Präteritum von lassen – lie**s**: Imperativ von lesen

3. Rechtschreibstrategie oder -regel finden

Re**nn**pferd	→	sinnverwandtes Wort finden → rennen
Au**ss**te**ll**ung	→	Vorsilbe „aus-" plus das Wort „Stellung" → daher ss nach kurzem Vokal folgt Konsonantendopplung, Trennung des Wortes → Stel-lung
Z**ä**hne	→	Singular bilden → Zahn
wei**t**	→	Komparativ (1. Steigerung) bilden → weiter
Ste**h**tisch	→	sinnverwandtes Wort finden und silbieren, zwischen zwei Vokalen steht ein vokaltrennendes „h" → ste-hen

4. Wörter auf Doppelkonsonanten prüfen

1. Die drei Konsonanten erläutern

Flussschwein → zusammengesetztes Wort aus Fluss+Schwein, daher drei Konsonanten
Sauerstoffflasche → zusammengesetztes Wort aus Sauerstoff+Flasche, daher drei Konsonanten

2. Strategie für Einzel- oder Doppelkonsonanten nennen

Welle → Konsonantendopplung nach kurz gesprochenem Vokal
Streik → nach „ei" nur „k"
schick → „ck" folgt auf einen kurz gesprochenen Vokal
Pauke → nach „au" steht nur „k"
Salz → nach „l" steht immer nur „z"
Satz → „tz" folgt auf einen kurz gesprochenen Vokal
All → Konsonantendopplung nach kurz gesprochenem Vokal
Aal → nach verdoppeltem lang gesprochenem Vokal nur „l"
Qual → nach lang gesprochenem Vokal nur „l"
Qualle → Konsonantendopplung nach kurz gesprochenem Vokal

3. Richtige Schreibweise finden

Kurz vor den Sommerferien findet in der Schule immer unser Stufenfest statt. Dieses Jahr hatten wir leider Pech mit dem Wetter. Es blitzte und donnerte. Der Regen prasselte nur so vom Himmel. Aber wir ließen uns die Laune trotzdem nicht verderben und haben ausgiebig gefeiert.

4. „k" oder „ck" einsetzen

a) Ein Rucksack ist praktisch beim Wandern.
b) Die Taktik beim Beobachten von Kuckucken ist wichtig.
c) Der Vertrag ist in trockenen Tüchern.
d) Das Kinofieber hat mich stark gepackt.
e) Der Bauer hackt den Boden.
f) Im Werkunterricht arbeiten wir mit Holz.

5. Lang gesprochene Vokale

1. Wörter einsetzen

Der **Bote** brachte die **Ware** auf die **Boote**. Obwohl die Gangway schaukelte, musste er die Pakete hinüberjonglieren. Er hatte keine **Wahl**. Doch **wahre** Freunde unterstützen einander und deshalb eilte ihm einer der Matrosen zu Hilfe. Man konnte noch die frische Erde riechen, die die **Beete** am Gemüse hinterlassen hatten.
Als die Schiffe ablegten, rief die Mutter des Matrosen: „Ich **bete**, dass dir nichts passiert." Nach kurzer Zeit auf See tauchte am Horizont plötzlich ein **Wal** auf. Das **war** ein schöner Auftakt zu einer langen Reise.

2. Sätze bilden

a, aa und ah:	Ich habe w**ah**rhaftig ein p**aa**r W**a**le gesehen.
e, ee und eh:	**Eh**rlich gesagt weiß ich nicht, ob Es**e**l Erdb**ee**ren essen.
i, ie und ih:	**Ih**m gef**ie**l der **I**gel.
o, oo und oh:	Der bedr**oh**liche S**o**g des Wassers riss das B**oo**t nach unten.
u und uh:	Mein Bruder f**uh**r mit dem Z**u**g.

3. a) Reimwörter finden

Schnur:	pur, nur, Flur
Dieb:	lieb, Sieb, Trieb
Wut:	gut, Flut, Brut
Zahl:	Qual, Wahl, Schal

b) Schreibweise erklären

- Wörter, die mit Q, Sch, Sp oder T beginnen, haben kein Dehnungs-h; deshalb wird Schnur ohne h geschrieben.
- Bei Zahl steht das Dehnungs-h nach lang gesprochenem Vokal.

6. Wörter mit s-Laut

1. s-Laute finden und Schreibweise erklären

Ein Löwe würdigte einen drolligen Hasen seiner näheren Bekanntschaft. „Aber ist es denn wahr", fragte ihn einst der Hase, „dass euch Löwen ein elender krähender Hahn so leicht verjagen kann?"

„Allerdings ist es wahr", antwortete der Löwe; „und es ist eine allgemeine Anmerkung, dass wir großen Tiere durchgängig eine gewisse kleine Schwachheit an uns haben. So wirst du, zum Exempel, von dem Elefanten gehört haben, dass ihm das Grunzen eines Schweins Schauder und Entsetzen erwecket."

„Wahrhaftig?", unterbrach ihn der Hase. „Ja, nun begreife ich auch, warum wir Hasen uns so entsetzlich vor den Hunden fürchten."

Quelle: Gotthold Ephraim Lessing, Fabeln (1759), an moderne Rechtschreibung angepasst

Hasen:	stimmhaftes einfaches „s"
seiner:	stimmhaftes einfaches „s"
ist:	stimmloses einfaches „s"
es:	stimmloses einfaches „s"
einst:	stimmloses einfaches „s"
dass:	Konjunktion
so:	stimmhaftes einfaches „s"
allerdings:	stimmloses einfaches „s"
großen:	„ß" nach lang gesprochenem Vokal
gewisse:	auf einen kurz gesprochenen Vokal folgt ein „ss"
Schwachheit:	einfaches „s" bei „sch"
uns:	stimmloses einfaches „s"
wirst:	stimmloses einfaches „s"
das:	stimmloses einfaches „s"

eines:	stimmloses einfaches „s“
Schweins:	einfaches „s“ bei „sch“
Schauder:	einfaches „s“ bei „sch“
Entsetzen/entsetzlich:	stimmhaftes einfaches „s“

2. Richtige Schreibweise finden

a) Mein Opa ha**ss**t es, Wei**ß**brot zu e**ss**en.
b) Wir **s**enden au**s** dem Urlaub eine Po**s**tkarte mit **s**onnigen Grü**ß**en.
c) „Sü**ß**es oder **S**aures“, **s**ingen die als Gei**s**ter verkleideten Kinder.
d) Der Bi**ss** einer Schlange i**s**t au**ß**erordentlich schmerzhaft.

3. Schreibweise begründen

Maus wird nicht mit „ß“ geschrieben, weil das stimmlose „s“ im Plural stimmhaft ist → Mäuse.

4. Beispiele nennen

- Wagnis → Wagnisse
- Erlebnis → Erlebnisse

5. Schreibweise mit richtiger Strategie erklären

Masse	→ kurz gesprochener Vokal, Silbentrennung Mas-se
nass	→ kurz gesprochener Vokal, Steigerung des Wortes nas-ser
blass	→ kurz gesprochener Vokal, Steigerung des Wortes blas-ser
Schluss	→ kurz gesprochener Vokal
groß	→ lang gesprochener Vokal
Fuß	→ lang gesprochener Vokal
Sonne	→ stimmhaftes einfaches s am Wortanfang
summen	→ stimmhaftes einfaches s am Wortanfang
Raspel	→ stimmhaftes einfaches s in der Wortmitte

7. Das oder dass

1. Richtige Schreibweise finden und Wortart bestimmen

Da**ss** **(K)** da**s** **(A)** Burj Khalifa in Dubai 828 Meter hoch ist, ist unglaublich. Es ist eine echte Sensation, da**ss** **(K)** so etwas architektonisch möglich ist. Da**s** **(A)** Gebäude hat 163 nutzbare Etagen und 57 Aufzüge. Zu seinen Füßen liegt der Dubai Fountain, da**s** **(A)** größte Wasserspiel der Welt. Da**s** **(A)** Motto, da**s** **(R)** überall in Dubai vorherrscht – größer, höher, luxuriöser – wurde auch an dieser Stelle meisterlich umgesetzt.

2. Falsche Möglichkeit durchstreichen

Zu Hause angekommen stellte Maria fest, ~~das~~ **dass** sie ihre Schultasche im Bus vergessen hatte. **Das** ~~dass~~ war jetzt schon das zweite Mal diese Woche, ~~das~~ **dass** ihr **das** ~~dass~~ passierte. Jetzt musste sie wieder an die Endhaltestelle fahren, dort in **das** ~~dass~~ Fundbüro gehen und hoffen, ~~das~~ **dass** jemand die Tasche abgegeben hatte.

3. Richtige Lösung einkreisen und Wortart bestimmen

a) Kannst du das kleine Häuschen sehen, das **(R)** da drüben am Waldrand steht?

b) Es war keine so gute Idee, dass **(K)** Leander bei strömendem Regen ohne Jacke nach draußen gegangen ist. Das **(D)** muss er jetzt mit einer Erkältung büßen.

c) Ich habe mich gewundert, dass **(K)** meine scheinbar schlafende Mutter doch mitbekommen hat, dass **(K)** ich mich heimlich aus dem Haus schleichen wollte.

d) Etwas zu erkennen, das **(R)** im Verborgenen liegt, bedeutet manchmal mehr, als das **(A)** Offensichtliche zu sehen.

8. Satzzeichen

1. Fehlende Satzzeichen ergänzen

a) Herr Möller, unser neuer Hausmeister, ist sehr hilfsbereit.
b) Ich muss noch Mathe, Deutsch, Englisch und Bio lernen.
c) Obwohl das Wetter heute nicht ganz so warm ist, gehe ich an den See, um zu baden.

2. Kommasetzung erklären

a) Er brauchte einen kurzen Moment, um zu begreifen, dass sie das Spiel wirklich gewonnen hatten.
Erklärung: Das erste Komma steht aufgrund eines erweiterten Infinitivs mit „um zu". Das zweite dient zur Abgrenzung des Nebensatzes.

b) Das Lernen von Vokabeln, egal in welcher Sprache, liegt mir einfach nicht.
Erklärung: Einschub durch Kommas abgetrennt

3. Fehlende Kommas setzen und begründen

a) Eine ausgewogene Ernährung, viel Trinken und Sport, das sind Maßnahmen, die uns vital und gesund halten.
Erstes Komma: Komma bei Aufzählungen
Zweites Komma: Komma bei Relativsatz

b) „Am besten gefällt mir der tolle Zusammenhalt der Klasse", sagt Selina, die seit Januar neue Mitschülerin ist.
Erstes Komma: Komma am Ende einer wörtlichen Rede
Zweites Komma: Komma bei Relativsatz

9. Zeitformen

1. Sätze bilden

a) Er lernt am Tag mehrere Stunden für die Prüfung.
b) Elias wird nächstes Jahr im September seine Ausbildung beginnen.
c) Wenn wir nächsten Sommer in den Urlaub fahren, wird Coco ihren Geburtstag schon gefeiert haben.
d) 1960 war mein Großvater 18 Jahre alt.
e) Als Kind hat Dilara Angst vor Kühen gehabt.
f) Anfang des 20. Jahrhunderts hatte fast niemand ein Telefon besessen.

2. Tabelle vervollständigen

Person	Präsens (Gegenwart)	Präteritum (1. Vergangenheit)	Perfekt (2. Vergangenheit)	Plusquamperfekt (3. Vergangenheit)	Futur I (Zukunft)	Futur II (vollendete Zukunft)
ich	friere	**fror**	**habe gefroren**	**hatte gefroren**	**werde frieren**	**werde gefroren haben**
du	**frierst**	**frorst**	**hast gefroren**	**hattest gefroren**	wirst frieren	**wirst gefroren haben**
er/sie/es	**friert**	**fror**	hat gefroren	**hatte gefroren**	**wird frieren**	**wird gefroren haben**
wir	**frieren**	**froren**	**haben gefroren**	**hatten gefroren**	**werden frieren**	werden gefroren haben
ihr	**friert**	**frort**	**habt gefroren**	hattet gefroren	**werdet frieren**	**werdet gefroren haben**
sie	**frieren**	froren	**haben gefroren**	**hatten gefroren**	**werden frieren**	**werden gefroren haben**
ich	**hüpfe**	hüpfte	**bin gehüpft**	**war gehüpft**	**werde hüpfen**	**werde gehüpft sein**
du	hüpfst	**hüpftest**	**bist gehüpft**	**warst gehüpft**	**wirst hüpfen**	**wirst gehüpft sein**
er/sie/es	**hüpft**	**hüpfte**	**ist gehüpft**	**war gehüpft**	wird hüpfen	**wird gehüpft sein**
wir	**hüpfen**	**hüpften**	**sind gehüpft**	waren gehüpft	**werden hüpfen**	**werden gehüpft sein**
ihr	**hüpft**	**hüpftet**	**seid gehüpft**	**wart gehüpft**	**werdet hüpfen**	werdet gehüpft sein
sie	**hüpfen**	**hüpften**	sind gehüpft	**waren gehüpft**	**werden hüpfen**	**werden gehüpft sein**

3. Zeitform bestimmen

a) herrschte, brachte	3. Pers. Singular Präteritum
b) ist fertiggestellt worden	3. Pers. Singular Perfekt, passiv
c) sind bedroht	3. Pers. Plural Präsens, passiv
d) sich vorbereitet	3. Pers. Singular Präsens
wird schaffen	3. Pers. Singular Futur I
e) ist gewesen	3. Pers. Singular Perfekt
f) bin	1. Pers. Singular Präsens
g) unternehmen	1. Pers. Plural Präsens
wird bedeckt haben	3. Pers. Singular Futur II

10. Wortarten

1. Beispiele für Wortarten finden

Verb: „ausblenden" (Z. 1), „flüchtete" (Z. 1)
Adjektiv: „friedlicher" (Z. 3), „rohe" (Z. 6)
Pronomen: „sich" (Z. 2), „dich" (Z. 3)

2. Wortarten ergänzen

Substantiv	Verb	Adjektiv
Abnahme	**abnehmen**	abnehmbar
Haus	hausen	**häuslich**
Schmerz	**schmerzen**	schmerzlich/schmerzhaft
Kontrolle	kontrollieren	**kontrolliert**
Fotograf	**fotografieren**	**fotografisch**
Wahl	**wählen**	wählerisch
Deutung	**deuten**	deutlich

3. Wortarten bestimmen

a) Am Samstag **(C)** gehe ich mit zwei **(G)** Freunden ins **(D)** Kino, wenn **(F)** der **(H)** Film, den wir sehen **(B)** wollen, bis dahin noch läuft **(B)**.

b) 1. In den Sommerferien **fahre (B)** ich mit meinen Eltern ans Meer.
2. An meiner Schule gibt es ein **großes (A)** Orchester.
3. **Wenn (F)** es regnet, bleibe ich lieber zu Hause.

4. Präpositionen ergänzen

Im nächsten Sommer bin ich **mit** der Schule fertig. Doch was ich beruflich machen soll, dazu fällt mir leider immer noch nicht allzu viel ein. Und das, obwohl ich mir **über** dieses Thema schon **seit** Langem Gedanken mache.
Während ich einerseits Lust **auf** einen Beruf hätte, der **mit** Kindern zu tun hat, finde ich zum Beispiel auch Arzthelfer/-in oder Physiotherapeut/-in interessant. Mein Schulpraktikum werde ich deshalb **in** einer Arztpraxis absolvieren, damit ich einen besseren Einblick bekomme. **Nach** dieser Erfahrung fällt mir die Entscheidung vielleicht leichter.
Neben den persönlichen Neigungen spielen meiner Ansicht nach natürlich auch die Berufsaussichten eine wichtige Rolle **bei** der Berufswahl. **Trotz** aller Unentschlossenheit bin ich zuversichtlich, dass ich **in** absehbarer Zeit eine Entscheidung treffen werde. **Aus** diesem Grund sehe ich meiner Zukunft gelassen entgegen.

5. Konjunktionen einsetzen

Morgen besprechen wir in der Klasse, wohin unser Ausflug gehen soll. **Während** einige einen Freizeitpark vorgeschlagen haben, möchten andere lieber einen Klettergarten besuchen **oder** eine Radtour machen. Doch die Entscheidung ist gar nicht so einfach, **weil** alle Vorschläge interessant sind. Ich selbst würde am liebsten in den Klettergarten gehen, **denn** das habe ich noch nie ausprobiert. **Aber** auch eine Radtour wäre nicht schlecht. Nur den Freizeitpark finde ich nicht so toll. Unser Lehrer hat gesagt, **dass** wir abstimmen sollen. **Damit** sich jede/-r eine Meinung bilden kann, werden alle Vorschläge noch einmal vorgestellt.

11. Satzglieder und Satzgefüge

1. Sätze zu Kausal- und Konzessivsätzen verbinden

a) Paul trägt den Pullover, **weil** er rot ist. → kausal
Paul trägt den Pullover, **obwohl** er rot ist. → konzessiv

b) Die Firma hat ihre Produktion nach China verlegt, **weil** dort günstigeres Plastik verbaut wird. → kausal
Die Firma hat ihre Produktion nach China verlegt, **obwohl** dort günstigeres Plastik verbaut wird. → konzessiv

2. Adverbialsätze bestimmen

a) Viktoria übt fleißig, **damit** sie ihren Führerschein besteht. → final
b) **Während** ich mich sonne, höre ich gerne Musik. → temporal
c) Chris lädt alle seine Freunde zu einer Party ein, **da** seine Eltern ihm das Haus überlassen haben. → kausal
d) **Obwohl** meine Geschwister mich oft nerven, will ich sie nicht missen. → konzessiv

3. Satzreihen bilden

a) Die Katze nutzt den Baum als Leiter und sie balanciert auf dem Dach.
b) Das Kind spielte im Garten, als es ein Eis aß.
c) Pia streichelt Kühe oder sie reitet auf Pferden, wenn sie auf dem Hof ist.

4. Satz umformulieren

Diesen Roman zu schreiben, hat auch sie selbst Mut gekostet.
oder:
Es hat auch sie selbst Mut gekostet, diesen Roman zu schreiben.

5.

Vorfeld	**linke Satzklammer**	**Mittelfeld**	**rechte Satzklammer**	**Nachfeld**
Allerdings	wird	der Beitrag der Wasserkraft zur Stromerzeugung auch zukünftig nicht groß	sein.	

6.

Vorfeld	**linke Satzklammer**	**Mittelfeld**	**rechte Satzklammer**	**Nachfeld**
Nach einer Weile	begann	er sich über Leute	zu ärgern,	
die		nur wenige Etagen nach unten	fuhren.	

7.

Vorfeld	**linke Satzklammer**	**Mittelfeld**	**rechte Satzklammer**	**Nachfeld**
Mittagsschlaf	wird	dann auch schon mal in der Hängematte	gemacht	– schaukelnd zwischen den Bäumen.

12. Wortschatz

1. Synonyme und Antonyme finden

a) 1. Er spielt sehr gerne Fußball.
2. Die Klasse entscheidet sich für einen Ausflug in die Natur.
3. In Rom gibt es mehr als 1000 Gotteshäuser.
4. Flink klettert die Katze auf den Baum.
5. Er war ein sehr großer Mann.

b) 1. Das Buch, das ich gerade lese, ist interessant.
2. Leila lässt sich Zeit mit dem Essen.
3. Bei Sonnenschein gefällt mir der Wald am besten.
4. Der kleine Junge springt lautlos ins Wasser.
5. Ohne mit der Wimper zu zucken, holt er den Brief aus der Tasche.

2. Verb ersetzen

Der Mann **läuft** schnell zum Bahnsteig, um den Zug nach München noch zu erreichen. Da er aber schon eine ganze Weile **rennt**, ist er ganz außer Atem und wird immer langsamer. Deshalb verpasst er seinen Anschluss und **trottet** bekümmert zurück in die Bahnhofshalle.

3. Umformulierung in Standardsprache

a) „Gehst du heute um ein Uhr zur Schicht? Dann machen wir es eben so, dass wir uns später am Bahnhof treffen."
oder
Sie fragte, ob er heute um ein Uhr zur Schicht gehe, und schlug daraufhin vor, dass sie sich später am Bahnhof treffen.
b) Ich habe große Lust auf Schlittschuhlaufen.
c) Er hat keine Ahnung, er weiß nichts.

4. Sätze umformulieren

a) In der Sahara herrscht ein raues Klima.
b) Social-Media-Plattformen sind besonders bei Jugendlichen sehr beliebt.
c) Der weiße Polizist kommt ungestraft davon, **obgleich/obschon/auch wenn/ungeachtet dessen, dass** Starr vor Gericht gegen ihn aussagt.

5. Begriffe mit gleicher Bedeutung finden

sich entledigen (Z. 9)	loswerden
angreifen (Z. 13)	attackieren
Grundvoraussetzung (Z. 33)	Bedingung
reichlich (Z. 37)	viel(e)
wahr werden (zu) lassen (Z. 51)	realisieren, umsetzen
Prozess (Z. 57)	Vorgang
produzieren (Z. 66 f.)	herstellen

13. Aktiv und Passiv

1. Umformen

Aktiv	Passiv
Die Kinder führen den Hund spazieren.	*Der Hund wird von den Kindern spazieren geführt.*
Die Polizei schnappte den Täter.	Der Täter wurde von der Polizei geschnappt.
Er hatte viel auf die Prüfung gelernt.	*Auf die Prüfung war von ihm viel gelernt worden.*
Die Umzugsfirma wird morgen die Möbel abholen.	Die Möbel werden morgen von der Umzugsfirma abgeholt werden.

2. Umformen

Aktiv	Passiv
Das Flugzeug segelte leise durch die Luft.	Ich wurde von der Sonne geblendet.
Morgen zu diesem Zeitpunkt werde ich meine Prüfung schon hinter mir haben.	Die Rechnung wurde von einem Sponsor bezahlt.

Ganzschrift – Lektüre

1. Aufgaben zur aktuellen Ganzschrift

„Blackbird" (Matthias Brandt)

a) Themen des Romans nennen

- Freundschaft
- Liebe
- Tod
- Krankheit

oder

- Erwachsenwerden
- Schule
- Familie
- Trennung

b) Sätze sinnvoll beenden

- Musik ist für Motte wichtig, weil *der Kauf einer Platte darüber entscheidet, wie er sich in den nächsten Wochen fühlt.*
- Sein Lieblingsalbum ist im Moment *„Heroes" von David Bowie.*
- Bei Musik, die ihm nicht gefällt, *fühlt er körperlichen Schmerz.*
- Für die Jugendlichen ist die Musik auch eine Identifikationsmöglichkeit, deshalb *findet Motte es zunächst nicht gut, dass auf Bogis Beerdigung Reinhard Meys „Über den Wolken" gespielt wird. Das ergibt seiner Meinung nach ein „falsches Bild" von Bogi.*

c) Veränderung der Freundschaft beschreiben

Bogi und Motte sind seit der Grundschule beste Freunde. Obwohl sie sehr verschieden sind, kennt jeder den anderen sehr gut und kann mit ihm über alles reden. Als Bogi erkrankt und ins Krankenhaus kommt, muss Motte plötzlich ohne ihn klarkommen. Er ist wütend auf Bogi, weil er sich von ihm im Stich gelassen fühlt, gleichzeitig schämt er sich für solche Gedanken. Motte stellt bei seinen Besuchen im Krankenhaus fest, dass ihm Bogi sehr fremd geworden ist und sie nicht mehr viel miteinander anfangen können. Trotzdem fehlt ihm der Freund als Ratgeber und Unterstützer, gerade auch bei seinen ersten Erfahrungen mit Mädchen. Als Bogi stirbt, kann Motte den Schmerz über diesen Verlust kaum aushalten.

d) Richtige und falsche Aussagen ankreuzen

	r	f
Motte besucht Bogi oft im Krankenhaus, weil er ihm gerne helfen will.		x
Mottes Eltern sprechen mit ihrem Sohn ausführlich über ihre bevorstehende Trennung.		x
Musik ist für Motte eine Möglichkeit, sich zu entspannen.	x	
Jacqueline entschuldigt sich nach der Episode im Kino bei Motte für ihr Verhalten.		x
Motte findet oft nicht die richtigen Worte, um seine Gefühle auszudrücken.	x	
Im Gegensatz zu Motte wusste Bogi ganz genau, was er einmal werden und später alles machen will.	x	
Walki läuft im Stadion einen 5000-Meter-Rekord, um seinen Sportlehrer zu beeindrucken.		x
Bei Bogis Beerdigung hält Steffi eine Rede.	x	

e) Mottes radikale Entscheidung nennen und erklären

Nach Bogis Tod beschließt Motte, nicht mehr zu sprechen. Bogis Tod schmerzt ihn so sehr, dass er nicht mehr darüber und auch über nichts anderes mehr sprechen will. Mit seinen Mitmenschen verständigt er sich notfalls über Zettel.
Motte war schon immer der Ansicht, für die wichtigen Dinge im Leben nicht die richtigen Worte zu finden. Da ist es für ihn nur logisch, dass er nach einem solchen Erlebnis das Sprechen ganz einstellt. Erst mit Steffis Unterstützung findet er am Ende des Romans seine Sprache wieder und krächzt nach wochenlangem Schweigen ein „ok".

f) Mottes Brief an seinen Vater verfassen

Kleinstadt, den 15. September 2022

Hi Dad,

wie geht es dir? Mir geht es inzwischen wieder einigermaßen. Hab mich an die neue Umgebung gewöhnt.
Jetzt muss ich dir aber noch was schreiben. Ich fand es überhaupt nicht gut, dass du und Mama mit mir nicht offen über eure bevorstehende Trennung gesprochen habt. Ich bin doch kein kleines Kind mehr! Es ist immer besser, über Dinge zu reden, die sowieso jeder mitbekommt. Dann wäre es zumindest für mich vielleicht besser zu ertragen gewesen. Klar, es ist euer Leben, aber ich bin davon ja auch betroffen.
Bei uns war es schon immer ein Problem, dass nie über die wirklich wichtigen Dinge geredet wurde. Nie hat einer von euch mich mal gefragt, wie es mir geht. Immer nur oberflächliches Gequatsche. Nur weil alle Angst hatten, vielleicht das Falsche zu sagen.
Jedenfalls bin ich echt froh, dass es Mama wieder besser geht, seit sie Dieter hat. Der spricht zwar keinen Satz zu Ende, ist aber nett und tut Mama offensichtlich gut. Und deshalb geht's mir auch wieder besser. Es hat mich total fertiggemacht, dass sie so traurig war wegen eurer Trennung.

Für die Zukunft wünsche ich mir, dass wir mehr und besser miteinander reden. Dass jeder sagt, was er denkt und fühlt und den anderen auch danach fragt.

Mach's gut und viele Grüße

Dein Motte

g) Dialog zwischen Motte (M) und Günter (G) verfassen

G: „Hi, Motte, so, haste die Freibadsaison für dieses Jahr wieder eröffnet?"

M: „Ja, hat mir echt gefehlt. Aber noch viel mehr fehlt mir mein Freund Bogi."

G: „Ihr zwei wart schon ziemlich dicke, oder?"

M: „Ja, auf jeden Fall. Er war mein bester Freund. Wir haben uns total gut verstanden, oft sogar ohne Worte. Als er krank wurde und dann ja sogar gestorben ist, ist für mich echt eine Welt zusammengebrochen. Das tat so weh, das war kaum auszuhalten. Nochmals vielen Dank für deine nächtliche Hilfe an seinem Todestag, als ich im wahrsten Sinne abgestürzt bin. Ohne dich wäre ich wahrscheinlich ertrunken. Und dass du mir zugehört hast, ohne Fragen zu stellen. Das hat mir wirklich gutgetan. Ich fand's auch echt nett von dir, dass du zu Bogis Beerdigung gekommen bist."

G: „Na ja, ich kenn euch Kandidaten doch alle, seid ja gewissermaßen meine Stammgäste. Auch wenn ihr mich immer wieder auf die Palme bringt, wenn einer von euch vom Rand springt."

M: „Kann ich mir schon vorstellen." *(grinst)*

G: „Und wie geht es dir inzwischen?"

M: „Bogi fehlt mir immer noch sehr. Doch ganz langsam wird der Schmerz erträglicher. Ich denke super oft an ihn. Er wollte noch so vieles im Leben machen. Der wusste ganz genau, was er will. Er wollte nämlich Biologe werden. Der kannte sich echt gut aus mit Pflanzen und Tieren. Ganz im Gegensatz zu mir – ich hab da noch überhaupt keine Peilung. Ist ja auch egal, hat noch Zeit."

G: „Da hast du recht. Ich wünsch dir jedenfalls viel Spaß heute, genieß diesen schönen Tag."

M: „Danke. Bis dann."

„Nathan und seine Kinder“ (Mirjam Pressler)

a) Zentrale Themen nennen

- Religion
- Identitätskrise bzw. -findung

b) Aussagen zuordnen

Sittah	„Mein Status hier hing von Recha ab.“
Geschem	„Das Leben ist wie ein Schachspiel, die Menschen sind nichts anderes als Figuren, die von einer höheren Macht hin und her geschoben werden.“
Daja	„Schwester zu sein war zwar meine wichtigste Aufgabe, ..., aber ein anderer Teil von mir führte ein Leben, von dem mein Bruder nichts wusste und besser auch nichts erfuhr.“
Elijahu	„Juden! Ich hasse Juden.“
Abu Hassan	„Mein Vater ist nicht mein Vater.“
Tempelritter	„Ich dachte an Zipora, und mein Herz wurde warm bei der Vorstellung, mit ihr mein Leben und mein Bett zu teilen, ...“
Recha	„Curd von Stauffen ist tot, dachte ich, und Leu von Filnek ist nur eine Illusion.“
Al-Hafi	„Ich habe keine Familie und keinen Namen. Ich weiß nicht, wer ich bin.“

c) Bedeutung von Religion erläutern

- Für Nathan ist Religion zwar wichtig, dennoch gibt es für ihn keine einzig richtige. Anhand der Ringparabel macht er deutlich, dass nur der tolerante Umgang miteinander ein friedliches Zusammenleben ermöglicht.
- Sultan Saladin hingegen kämpft in blutigen Schlachten für die Verbreitung seiner Religion und lässt gefangene Andersgläubige öffentlich hinrichten. Curd von Stauffen ist der Erste, den er verschont und auch die Freundschaft zu Nathan lässt ihn weltoffener werden.
- Recha ist mit jüdischem Glauben aufgewachsen. Als sie erfährt, dass sie eigentlich eine getaufte Christin ist, stürzt sie das in eine Identitätskrise. Mithilfe der Liebe ihres Vaters gelingt es ihr jedoch, diese zu überwinden. Es macht sie stärker und toleranter gegenüber anderen Religionen.

d) Handlung im Kapitel „Geschem“ und Geschems Reaktion beschreiben

Geschem geht mit Nathan, Elijahu und Recha auf Reisen. Ihr Ziel ist die Palmenstadt Jericho. Es ist das erste Mal für Geschem, dass er auf einem Kamel reitet, das erste Mal, dass er einen Stellenwert hat und Lob erfährt, denn die Reise zeigt Elijahus Anerkennung für Geschems gute Arbeit. Dennoch treibt ihn immer noch die Frage um, ob er Muslim oder Jude ist und welchen Namen er tragen soll. Zuerst nennt er seinen muslimischen Namen „Geschem Ibn Ibrahim“, was für Verwunderung sorgt. Beim zweiten Mal, als er nach seinem Namen gefragt wird, antwortet er: „Geschem Ben Abraham“, seinen jüdischen Namen, was unter den vielen Muslimen auch wieder sonderbar wirkt. Während des ganzen Aufenthalts hat er mit Zweifeln zu kämpfen, wer er nun wirklich ist. Am Ende ist es Elijahu mit seiner Liebe und Zuneigung, der ihn eine Entscheidung treffen lässt. Liebe ist das stärkste Band. Deshalb entscheidet er sich für den jüdischen Namen.

e) Veränderungen des Tempelritters beschreiben

Herkunft und Identität sind nicht immer das Gleiche. Das erlebt auch Curd von Stauffen als er erfährt, dass er eigentlich Leu von Filnek heißt und nicht der Sohn, sondern der Neffe Konrads von Stauffen ist. Dieses Wissen verändert ihn und er verlässt die heimische Burg, um sich den Tempelrittern anzuschließen. Dort ist der Glaube sowie der Kampf für den Glauben sein neuer Lebensmittelpunkt. Nach der Niederlage gegen Saladin und der Gefangennahme verändert sich sein Leben erneut, als er bei der Hinrichtung verschont wird.

f) Dajas Brief an Recha verfassen

Jerusalem, 20. Oktober 1150

Liebe Recha,

ich bin immer noch unendlich betrübt über die Vorfälle. Daher ist es mir ein großes Anliegen, mich nochmals bei dir für mein Verhalten zu entschuldigen, dir aber auch zu erklären, was mich dazu veranlasst hat. Als ich gesehen habe, dass sowohl Curd von Stauffen etwas für dich empfindet als auch du etwas für ihn, keimte in mir eine längst vergessen geglaubte Sehnsucht nach meiner Heimat auf. Ich sah in eurer Hochzeit die Chance, dorthin zurückkehren zu können. Und die Tatsache, dass du eigentlich Christin und nicht Jüdin bist, schien mir ideal. Auf einmal waren meine Gedanken vernebelt und ich getrieben von diesem Wunsch. Ich sah in meiner Rückkehr nach Hause die Möglichkeit, mich mit den Geistern meiner Vergangenheit zu versöhnen. Endlich die Erinnerungen an meine schwierige Kindheit im Hause meiner Großmutter hinter mir zu lassen. Eine Vergangenheit, die mich durch religiösen Fanatismus und Armut von zu Hause weggetrieben hat.
Deine Zukunft hätte auch eine neue für mich sein können. Deshalb habe ich dir erzählt, dass Nathan nicht dein leiblicher Vater ist. Allerdings weiß ich nun, dass dieser Gedanke selbstsüchtig und unüberlegt war. Dein Vater hätte den Zeitpunkt, es dir zu erzählen, selbst wählen sollen.
Ich wünsche mir wirklich, dass wir wieder zusammenfinden und gerade in dieser schwierigen Zeit nach dem Tod deines Vaters zusammenhalten, so wie wir es immer getan haben. Bitte verzeih mir und gib mir noch eine Chance, wieder Teil deines Lebens zu werden.

Alles Liebe

Deine Daja

g) Dialog zwischen Recha (R) und Leu von Filnek (LvF) verfassen

R: *„Ich habe dich lange nicht gesehen. Wie geht es dir?"*

LvF: „Mir geht es wieder besser und langsam sortieren sich meine Gedanken. Nach deiner Rettung aus den Flammen haben sich die Ereignisse überschlagen. Die Liebe, die ich plötzlich für dich empfunden habe und der Zwiespalt, den sie ausgelöst hat, waren schwierig."

R: „Warum Zwiespalt? Nur weil ich Jüdin zu sein schien? Das verstehe ich bis heute nicht, warum man Religion als Hürde sieht."

LvF: „Ach Recha, nicht jeder ist so tolerant aufgewachsen und hatte das Glück eines so weisen Vaters."

R: „Das stimmt. Jetzt, da er tot ist, wird mir umso mehr bewusst, welches Glück ich hatte."

LvF: „Für mich bedeutet diese Liebe, zwischen meinem Gelübde als Tempelritter, meinem christlichen Glauben und der Liebe zu einer Jüdin hin- und hergerissen zu sein. Dazu noch der Zweifel an meiner eigenen Identität ... das war zu viel."

R: „Aber du hast deine Meinung mir gegenüber doch geändert."

LvF: „Naja, so kann man das nicht sagen. Daja hat mir erzählt, dass du getaufte Christin bist und Nathan nicht dein leiblicher Vater ist. Diese Information löste die Hoffnung in mir aus, dass wir dank derselben Religion doch noch Gottes Segen für unsere Liebe bekämen."

R: „Diese Haltung hat mich sehr verärgert. Liebe ist stärker als religiöse Unterschiede, das hat mich mein Vater gelehrt. Als ich erfahren habe, dass für dich nur eine einheitliche Religion zählt, wollte ich nichts mehr mit dir zu tun haben."

LvF: „Ich weiß und heute verstehe ich es. Der Tod deines Vaters hat vieles verändert. Seine Weisheit und Freundschaft waren es, die mich trotz meines christlichen Glaubens an den muslimischen Hof meines Oheims, des Sultans, gebracht hat. Nur seinetwegen habe ich endlich zu meiner wahren Identität gefunden. Es tut mir leid, dass ich so blind war und die wahren Werte des Lebens nicht sehen konnte."

2. „Das Schicksal ist ein mieser Verräter" (John Green)

a) „Nebenwirkungen des Sterbens"

- Depressionen
- Krebs
- wechselnde Besetzung der Teilnehmenden in der Selbsthilfegruppe

b) Konkurrenzkampf in der Selbsthilfegruppe

In der Selbsthilfegruppe herrscht ein Konkurrenzkampf, weil sich jeder seine Überlebenschancen ausrechnet und versucht, nicht nur die Krankheit zu überleben, sondern auch die anderen Teilnehmenden.

c) Brief an die Eltern

Liebe Eltern,

heute war es in der Selbsthilfegruppe wieder richtig ätzend und ich möchte nicht mehr hingehen. Wozu soll das gut sein? Dort herrscht Konkurrenzdruck, jeder versucht, die anderen zu überbieten mit Berichten vom Verlauf der Krankheit. Ich kann das alles nicht mehr hören. Ich glaube, dass ich sterben werde, und ich möchte die Zeit, bis es so weit ist, genießen, so gut es geht. Ich habe Angst vor dem, was auf mich zukommt, aber diese Angst wird mir in der Gruppe nicht genommen; dort geht es ja allen schlecht. Ich denke viel über den Tod nach, denn das, was in den Broschüren oder im Internet steht, überzeugt mich nicht. Und ich mache mir Sorgen, wie ihr weiterleben werdet ohne mich.

Ich hab euch sehr lieb.
Eure Hazel

3. „Skizze eines Sommers“ (André Kubiczek)

a) Annäherung zwischen René und dem Mädchen

- Wenn ihre Blicke sich trafen, guckten sie weg.
- Sie lächelten sich ganz kurz zu.
- Es gab immer einen Sicherheitsabstand.

b) Rolle der Schuhe

- René sieht die Schuhe des Mädchens näherkommen, die Schuhe werden immer größer und bleiben vor ihm stehen → Annäherung
- Er findet, dass die beiden Paare gut zusammenpassen.
- Er macht ihr ein Kompliment wegen der schönen Schuhe.
- Die Schuhe sind ein Symbol für René und das Mädchen.

c) Tagebucheintrag des Mädchens

21.4.22

Heute habe ich meinen ganzen Mut zusammengenommen und bin zu dem Jungen hingegangen, der auf der Bank saß. Unsere Blicke hatten sich schon oft getroffen, manchmal lächelten wir uns auch zu – aber immer aus der Ferne. Ich finde ihn total nett und habe schon eine ganze Weile überlegt, wie ich es anstellen soll, ihn kennenzulernen. Wenn ich ihn in der Stadt sehe, ist er meistens mit Freunden zusammen. Aber heute saß er allein auf einer Bank, mit einem Buch – was mir gleich gefiel, weil ich selbst so gerne lese. Er sah mich an, ich schaute einfach nicht weg und ging rüber zu ihm. Da wir beide etwas verlegen waren, redeten wir erst mal über unsere Schuhe. Und dann hat er gefragt, ob ich mich setzen will. Mein Herz hat geklopft wie wild.

Textgebundene lineare Erörterung

1. Späterer Schulbeginn

„Schule erst ab 9 Uhr? Darum fordern Schlafforscher späteren Unterrichtsbeginn“

Die Redaktion von inFranken.de veröffentlichte am 5.2.2019 einen Onlineartikel zum Thema Gesundheit mit dem Titel „Schule erst ab 9 Uhr? Darum fordern Schlafforscher späteren Unterrichtsbeginn“. Einleitung

Nachdem mittlerweile wissenschaftlich belegt ist, dass sich das frühe Aufstehen negativ auf die Schülerleistungen auswirkt, werde ich in meiner Erörterung die Vorteile aufzeigen, die sich aus einem späteren Schulbeginn ergeben. Hauptteil

Die Schule sollte später beginnen, weil es Schüler/-innen gibt, die morgens nicht richtig wach werden. Die Menschen können in Lerchen und Eulen eingeteilt werden. Die Lerchen haben keine Probleme mit dem Aufstehen, sie sind frühmorgens „putzmunter“ (Z. 14), während „sich Eulen immer noch im Tiefschlaf“ (Z. 14 f.) befinden. Deshalb sollte man auch auf die Eulen Rücksicht nehmen, weil der Unterricht für sie biologisch gesehen „mitten in der Nacht“ (Z. 24) startet, wie der Schlafforscher Till Roenneberg erklärt.

Wenn Schüler/-innen zu früh aufstehen müssen, hat das Auswirkungen auf ihre Konzentrationsfähigkeit. Sie sind noch verschlafen, bekommen nicht mit, was im

Unterricht passiert und lassen sich leichter ablenken. Es gibt bereits Studien, die das belegen, und die Frankfurt University of Applied Sciences schreibt ebenso, dass bei zu frühem Unterrichtsbeginn „Konzentrationsprobleme" drohen (Z. 26). Das kann man bei uns in der Klasse auch beobachten. Viele Schüler/-innen können den Lehrer/-innen manchmal gar nicht richtig folgen, weil ihnen das konzentrierte Zuhören schwerfällt.

Mehr Schlaf führt zu besseren Noten. Es ist bewiesen, dass mehr Schlaf positive Auswirkungen auf die Schülerleistungen hat. Im Rahmen einer Studie in Seattle wurde z. B. der Unterrichtsbeginn um etwa eine Stunde nach hinten verlegt (vgl. Z. 31 ff.). Ergebnis: Die Schüler/-innen bekamen bessere Noten und hatten nicht mehr so viele Fehlzeiten. Das ist ein Beweis dafür, dass die Schule erst gegen 9.00 Uhr beginnen sollte. Viele Schüler/-innen frühstücken z. B. morgens nicht, weil sie nach dem Aufstehen keine Zeit mehr dafür haben. Wenn sie aber vor Schulbeginn gefrühstückt haben und sich womöglich Zeit für den Schulweg lassen können, fängt der Tag gleich viel besser an.

Ich bin der Meinung, dass die Schule auf jeden Fall später beginnen sollte. Da ich selbst zu den „Eulen" gehöre, weiß ich genau, wie es sich anfühlt, unausgeschlafen in der Schule zu sitzen. Ich glaube auch, dass der Schulweg angenehmer wäre, wenn wir nicht während der Stoßzeiten mit Bus und Bahn fahren müssten. Auch unsere Lehrer/-innen könnten davon profitieren. Sie hätten dann ebenso morgens mehr Zeit zum Schlafen oder für die Familie. *Schluss*

2. Stadt der Zukunft

Forschungsprojekt liefert Ideen für die Stadt der Zukunft

Der Zeitungsartikel „So leben wir in der Stadt der Zukunft" befasst sich mit der Frage, wie die Stadt der Zukunft aussehen könnte. Dabei beschreibt der Artikel das Forschungsprojekt „Morgenstadt", das Städte lärm- und abgasfrei und somit wieder lebenswerter machen soll. *Einleitung*

Um dieses Ziel zu erreichen, haben die Experten viele Ideen entwickelt. Beispielsweise sollen ein gut ausgebauter öffentlicher Nahverkehr und autonom fahrende Elektroautos den Verkehr reduzieren. Dadurch gibt es mehr Raum für Grünflächen, was wiederum dem Klima zugutekommt: „Parks und Grünanlagen verbessern das Klima, denn sie kühlen die Luft herunter." (Z. 45 ff.) *Hauptteil*

Auch das Thema Trinkwasser- und Energieversorgung wird angesprochen. Mit dem technischen System Deus 21 lässt sich Wasser sparen und gleichzeitig aus Abwasser Energie gewinnen: „Aus den Abwässern der Häuser wird schließlich Biogas erzeugt, das sich zur Energiegewinnung nutzen lässt." (Z. 66 ff.)

Als drittes Problem wird das Wohnen in der Stadt genannt. Viele Menschen können es sich heute nicht mehr leisten, zentral zu wohnen und werden an den Stadtrand gedrängt. Mehrnutzungsangebote und sogenannte Tiny Houses könnten hier eine Lösung sein.

Meiner Ansicht nach bietet die „Morgenstadt" viele gute Ideen zur Lösung der Probleme in den Städten. Mich persönlich stört vor allem der viele Verkehr. Auch hierfür haben die Experten ja eine Lösung entwickelt. Die Frage ist nur, wie sich das alles finanzieren lässt. Hier muss die Politik entsprechende Entscheidungen treffen. Nur wenn alle zusammen hinter einer solchen Zukunftsvision stehen, kann diese vielleicht Wirklichkeit werden. *Schluss*

3. Aufwachsen mit Hund

Mit Hund oder ohne Hund?

Einleitung

In dem Onlineartikel von Pamela Rauscher„10 Gründe, warum dein Kind mit einem Hund aufwachsen sollte" geht es darum, welche Vorteile ein Hund für ein Kind hat. Der Artikel bezieht klar Stellung und befürwortet es, einen Hund in der Familie zu haben.

Hauptteil

In dem Text werden zehn Gründe genannt, warum sich Hunde positiv auf Kinder auswirken. Zum einen stärken die Vierbeiner das Immunsystem von Kindern: „Studien haben ergeben, dass Säuglinge in einem Haushalt mit Hund weniger Erkältungen bekommen als Neugeborene ohne Haustier." (Z. 22 ff.)

Kinder lernen durch ihren Hund auch, Verantwortung zu übernehmen und auf seine Bedürfnisse zu achten. Außerdem machen Hunde „Kindern Beine" (Z. 60): „Kinder mit Hund bewegen sich mehr im Freien und sitzen weniger vor ihren elektronischen Gadgets." (Z. 63 f.) Das ist ein wichtiges Argument, weil viele Kinder sich zu wenig im Alltag bewegen.

Außerdem senken Hunde das Stresslevel: „Allein der Kontakt mit dem treuen Freund beruhigt, tröstet und die Pulsfrequenz geht nach unten." (Z. 90 ff.) Damit tragen Hunde auch zum allgemeinen Wohlbefinden bei.

Schluss

Wie der Artikel gezeigt hat, bringt ein Hund viele Vorteile für Kinder. Allerdings muss man sich genau überlegen, ob man dieser Aufgabe auch gewachsen ist. Ein solches Haustier muss ständig „Gassi" geführt werden – bei jedem Wetter. Es gibt auch Einschränkungen, wenn man einen Hund hat. So dürfen sie zum Beispiel in viele Hotels oder Ferienwohnungen nicht mitgebracht werden, was den Urlaub schwieriger macht. Ich selbst hätte als Haustier lieber eine Katze. Aber das muss jeder selbst entscheiden.

Textbeschreibung

1. Lyrik

1. Stationen des Lebens

„Stufen" (Hermann Hesse)

Einleitung

In dem Gedicht „Stufen" von Hermann Hesse geht es um die einzelnen Stationen des Lebens, die man durchlebt. Das Gedicht besteht aus drei Strophen, die 22 Verse umfassen (aufgeteilt in zehn, acht und vier Verse). Das Reimschema der ersten Strophe ist abacbdcede. Die zweite Strophe besteht aus einem umarmenden Reim (abba) und einem Kreuzreim (cdcd). Die letzte Strophe besteht aus einem umarmenden Reim (abba).

Hauptteil

Das Gedicht beschreibt die verschiedenen Phasen des Lebens und die ständige Weiterentwicklung. In der ersten Strophe wird auf die Vergänglichkeit hingewiesen. Es wird gesagt, dass alles seine Zeit habe und genauso vergeht. Der Mensch soll für den Abschied bereit sein, auch wenn es Mut erfordert, und sich offen für Neues zeigen. Dieser Punkt wird in der zweiten Strophe vertieft: Man soll nicht auf einer Stufe bleiben, sondern sich weiterentwickeln. Dafür muss man zum Aufbruch bereit sein, um nicht zu „erschlaffen" (V. 16). In der dritten Strophe wird gesagt, dass dieser Prozess bis zum Tod geht und vielleicht sogar darüber hinaus. Hermann Hesse weist mit diesem Gedicht darauf hin, dass man nicht am Stillstand festhalten soll. Um sich weiterzuentwickeln, muss man offen für Neues sein, denn: „Und jedem Anfang wohnt ein Zauber inne, / Der uns beschützt und uns hilft zu leben" (V. 9 f.).

Diese Verse verdeutlichen, dass der Mut zum Aufbruch auch belohnt wird und dass jede Stufe ein Anfang ist, der viele Chancen bereithält. Mir geht es im Moment genauso: Nach dem Schulabschluss werde ich ein Freiwilliges Soziales Jahr in einer anderen Stadt beginnen. Ich werde meine Freunde vermissen und habe auch schon ein bisschen Angst vor diesem Lebensabschnitt. Gleichzeitig freue ich mich darauf, Neues kennenzulernen und selbstständig zu werden. Schluss

2. Wandel des Menschenbildes

„Fluchtpunkt" (Sarah Kirsch)

In dem Gedicht „Fluchtpunkt" von Sarah Kirsch aus dem Jahr 1992 geht es darum, wie sich der moderne Mensch verändert hat. Verdeutlicht wird das Thema anhand des Reisens. Einleitung

Das Gedicht besteht aus einer einzigen Strophe mit 16 Versen, ein Reimschema gibt es nicht. Auffallend sind die fehlenden Satzzeichen: Es gibt nur einen Punkt ganz am Ende, auf Kommas wird verzichtet. Dies vermittelt den Eindruck von Rastlosigkeit. Hauptteil

Sarah Kirsch beschreibt in ihrem Gedicht „Fluchtpunkt" die Rastlosigkeit des modernen Menschen. Dabei stellt sie zunächst die Art des Reisens zu Zeiten des Dichters Heinrich Heine dem modernen Reisen gegenüber. Sie umreißt in den ersten drei Versen die Langsamkeit, mit der Heine unterwegs war. „Heine ging zu Fuß durchs Gebirge", während wir heutzutage mit Maschinen „weiterrasen" (vgl. V. 9), gewissermaßen auf der Flucht sind, was bereits im Titel angedeutet wird. Während der Dichter sich noch vertrödelte, „können wir uns nicht aufhalten lassen" (V. 7), schon gar nicht „von Einzelheiten" (V. 6).

Der moderne Reisende möchte möglichst schnell möglichst viel sehen. Deshalb hat er Maschinen entwickelt, die ihn regelrecht zum Weiterrasen zwingen. Durch diese Schnelligkeit und Getriebenheit bleibt vieles unerforscht und verborgen. Wir sind nicht mehr in der Lage, das „Innre" (V. 10) des Menschen zu erforschen. Auch sehen wir keine „schönen Gefilde" oder „Irrgärten" (V. 11) mehr. Altmodische Zeitungen werden nicht mehr gebraucht, denn es gibt das Fernsehen, das viel schneller Informationen liefert. Und während sich die Autos unterscheiden, sind die Menschen alle gleich. Das Gedicht endet düster und mutlos: „Alles ist austauschbar wo wir auch sind." (V. 16)

Sarah Kirsch möchte in ihrem Gedicht verdeutlichen, dass der moderne Mensch ein rastloses Dasein ohne den Sinn für das Wesentliche führt. Eine deutliche Veränderung gegenüber dem Jahr 1992 stellen beispielsweise die sozialen Medien dar, was sich auch aufs Reisen auswirkt. Viele klappern heutzutage die angesagten „Hotspots" ab, um schöne Fotos zu posten. Sie nehmen sich aber nicht die Zeit, länger an einem Ort zu verweilen, Einzelheiten zu erkunden oder andere Kulturen kennenzulernen. Schluss

3. Stadtleben

„Städter" (Alfred Wolfenstein)

Einleitung

Das Gedicht „Städter" von Alfred Wolfenstein, 1914 erschienen in dem Band „Die gottlosen Jahre", thematisiert das Leben in der Stadt. Es besteht aus vier Strophen mit zweimal vier sowie zweimal drei Versen, also zwei Quartetten und zwei Terzetten, und ist somit ein Sonett. Das Reimschema der ersten beiden Strophen ist ein umarmender Reim mit (abba), in der dritten Strophe (abc) sowie in der vierten Strophe (cab).

Hauptteil

Alfred Wolfenstein beschreibt in seinem Gedicht das Leben von Städtern in sehr negativer Weise. Sie wohnen in dicht gedrängten Häusern inmitten „geschwollener Straßen" (vgl. V. 3 f.). In den Straßenbahnen sitzen viele Menschen zusammen, doch sie sind nur „Fassaden" (V. 6), d. h., sie zeigen nur ihr Äußeres, geben jedoch keinen Einblick in ihr Innenleben. Im öffentlichen Nahverkehr sprechen Menschen selten miteinander und schon gar nicht, wenn sie sich nicht kennen.
Auch in den Wohnungen und Häusern leben die Menschen dicht gedrängt. Jeder bekommt durch die Wände, die „so dünn wie Haut" (V. 9) sind, alles vom anderen mit. Trotzdem lebt jeder wie in einer „dick verschlossn[en] Höhle" (V. 12) und fühlt sich alleine, offenbar auch emotional „unangerührt" (V. 13). Die Einsamkeit wird noch verstärkt durch die Tatsache, dass eigentlich viele Menschen um einen herum sind, zu denen man jedoch keine Beziehung hat.

Schluss

Die Wohnverhältnisse in der Stadt sind so beengt, dass jeder vom anderen alles mitbekommt, ob er will oder nicht. Sogar wenn man nur flüstert, kommt dies durch die dünnen Wände wie „Gegröle" (V. 11) beim anderen an. Diese Textstelle erinnert mich an die Situation in unserem Wohnhaus: Ich höre von unseren Nachbarn auch, wenn sie streiten, staubsaugen oder fernsehen, aber sonst weiß ich gar nichts über sie, weil wir uns auch lediglich im Hausflur grüßen.

2. Prosa

1. „Wo bekomme ich jetzt etwas zu essen her?" (Mahmood Falaki)

Einleitung

In der Erzählung „Wo bekomme ich jetzt etwas zu essen her?" von Mahmood Falaki, veröffentlicht in dem Band „Ich bin Ausländer und das ist auch gut so", erschienen 2013 im Sujet Verlag, geht es um eine Zugfahrt, die aufgrund eines Personenschadens unterbrochen werden muss.

Hauptteil

Der Erzähler sitzt zusammen mit einigen Mitreisenden im Zugabteil. Plötzlich bremst der Zug und bleibt stehen. Nach längerer Wartezeit kommt eine Durchsage: Es gibt einen Personenschaden. Den Reisenden wird klar, dass ein Mensch Selbstmord begangen hat und der Zug deswegen vorerst nicht weiterfahren kann, sondern auf das Räumkommando warten muss.
Zu Beginn der Erzählung werden die Mitreisenden beschrieben. Nach der Durchsage des Zugführers äußern sich fast alle zu dem „Vorfall", und zwar ausnahmslos ohne sichtbare Anteilnahme. Nach einer ersten „Totenstille" (Z. 33) meint eine 60-jährige Frau, die vor dem Zwischenfall gelesen und mit ihrem Mann telefoniert hat, laut: „‚Ach, schon wieder!'" (Z. 34 f.) Ein junges Paar, das am Anfang der Reise mit sich selbst beschäftigt war, bleibt zurückhaltend und guckt verwirrt. Der junge Mann hofft, dass es nicht so lange dauere. Ein Mann im Anzug,

Mitte 40, der sich vorher mit seinem Laptop beschäftigt hat, ist empört, dass er nun seinen Vorstellungstermin verpassen wird. Die ältere Frau ruft sofort ihren Gesprächspartner wieder an und beklagt sich, dass ihr so etwas schon wieder passieren muss und dass jemand mit seinem Selbstmord anderen Menschen Schwierigkeiten bereitet. Fast gleichzeitig bespricht sie wieder alltägliche Dinge und gibt ihrem Mann Anweisungen, wie er seine Mahlzeit zubereiten solle. Zuletzt wendet sie sich an den Erzähler und fragt, wo sie nun etwas zu essen herbekäme, wenn sie so lange warten müsse. Die Fahrgäste reagieren ohne Mitgefühl auf das Unglück und gehen sofort zur Tagesordnung über. Sie sehen nur ihre eigenen Probleme und machen sich keine Gedanken über das Opfer.

Der Text zeigt, wie egoistisch viele Menschen sind. Mit sich selbst beschäftigt, haben sie keine Zeit, sich mit dem Schicksal anderer zu befassen. Dem Selbstmörder wird kein Mitleid entgegengebracht, stattdessen wird er als lästiges Problem betrachtet. Ich finde es erschreckend, wie wenig Mitgefühl manche Menschen haben. Beim Lesen des Textes fielen mir die Leute ein, die bei Unfällen fotografieren. Ich kann nicht verstehen, wie man Menschen so wenig Respekt entgegenbringen kann. Schluss

2. „Nicht erwünscht" (Günter Thumm)

In der Erzählung „Nicht erwünscht" beschreibt Günter Thumm das enge Verhältnis eines alten Mannes zu seinem Hund. Der Mann muss den Hund weggeben, weil er ins Seniorenheim umzieht, wohin er sein Haustier nicht mitnehmen darf – es ist dort „nicht erwünscht", wie es im Titel heißt. Der Hund spürt, dass etwas Ernstes passieren wird, weil sein Herr ihn zum ersten Mal am Tisch füttert und nicht an seinem Platz. Mit trauriger Stimme erklärt der Mann seinem Hund schließlich, dass der Abschied bevorsteht. Die Geschichte endet damit, dass der alte Mann abgeholt wird. Er presst den Hund an sich und weint. Einleitung

Günter Thumms Geschichte ist sehr traurig. Zunächst beschreibt der Autor, wie der Mann den Hund füttert. Dieser ist gut erzogen und macht genau das, was sein Herr ihm beigebracht hat. Der Mann spricht mit seinem Hund wie mit einem Menschen. Er nennt ihn „Fellow", Gefährte, denn das ist der Hund für ihn geworden, seit seine Frau vor acht Jahren gestorben ist. Ihm vertraut er seine Sorgen und die Trauer „über den Tod seiner Frau an." (Z. 10) So fühlt er sich trotz dieses Verlustes nicht einsam. Außerdem hat er durch seinen Hund eine Aufgabe, weil er für ihn sorgen, ihn füttern muss. Viele alte Menschen haben ein Haustier, was besonders dann, wenn der Partner gestorben ist, für sie sehr wichtig ist. Hauptteil

Günter Thumm zeigt mit seiner Kurzgeschichte, wie schlimm es für einen alten Menschen sein kann, wenn man ihm das Einzige nimmt, was ihm noch wichtig ist. Die Tatsache, dass der alte Mann seinen Hund nicht mit in das Seniorenheim nehmen kann, raubt ihm gewissermaßen den Sinn des Lebens. Das Tier ist für ihn sehr wichtig, seit er Witwer geworden ist. Schon der Umzug in das Heim ist für ihn sicherlich schwierig, weil er damit seine gewohnte Umgebung verlassen muss. Da ist es doppelt schlimm, dass er das vertraute und für ihn so wichtig gewordene Haustier nicht mitnehmen darf. Ich kann mir gut vorstellen, dass er an diesem Verlust innerlich zerbricht und womöglich gar nicht mehr weiterleben will. Schluss

3. „Die Spur im Sand“ (Charlotte Ueckert)

Einleitung

In ihrer Kurzgeschichte „Die Spur im Sand“ schildert Charlotte Ueckert ein unheimliches Erlebnis des Ich-Erzählers am Meer. Als dieser am Strand entlangläuft, sieht er den Abdruck nackter Füße im Sand. Aus der Größe schließt er, dass es sich um ein kleines Kind handeln muss, das hier vor ihm gelaufen ist. Die Spur verliert sich in den Wellen. Plötzlich sieht er jedoch die Abdrücke großer Schuhe aus dem Wasser führen. Ihm ist unheimlich zumute, weil er sich das nicht erklären kann. Dann sieht er das Kind vor den Dünen sitzen. Es hat viel zu große Turnschuhe getragen. Das Kind verschwindet schnell, als es ihn erblickt.

Hauptteil

Schon bevor die Spur im Wasser verschwindet, wundert sich der Ich-Erzähler darüber, dass ein so kleines Kind sich „allein am menschenleeren Strand“ (Z. 6) aufhält. Als die Spur plötzlich ins Meer abbiegt, bekommt der Ich-Erzähler Herzklopfen. Er hat vermutlich Angst, dass dem Kind etwas passiert sein könnte. Nicht einmal er selbst will der Spur „dorthin“ (Z. 7) folgen. So läuft er weiter am Strand entlang und sieht eine Spur mit großen Abdrücken aus dem Wasser kommen, was er sich nicht erklären kann. Er findet das Ganze „unheimlich“. (Z. 10) Kurz darauf sieht er jedoch das Kind vor den Dünen sitzen und beruhigt sich wieder.

Schluss

Anfangs folgt der Ich-Erzähler der Fußspur eher gedankenverloren: „Nach einer Weile [...] merkte ich, dass ich immer einer Spur folgte.“ (Z. 1) Zum Zeitvertreib tritt er genau in die kleinen Fußstapfen. Als er sich umdreht, sieht er nur noch seine eigenen Fußabdrücke. Da wird ihm bewusst, dass es sich um die Spur eines Kindes handeln muss. Er kann das Kind aber nirgends sehen. Ab diesem Moment verfolgt er die Spur in der Hoffnung, das Kind irgendwo zu finden. Als sich die Fußabdrücke jedoch im Meer verlieren, erstarrt der Erzähler innerlich. Das anfängliche Spiel wird zur unheimlichen Ungewissheit über den Verbleib eines Kindes.
Erst am Ende der Erzählung wird die Situation aufgelöst, als das Kind fröhlich und gesund „die Schuhe schwenkend, in die Dünen“ (Z. 12 f.) rannte.

Pflichtteil – Teil A

A1 – Sachtext

„Neue Stadt – neues Zuhause?"

1. Textverständnis

a) Zwei Möglichkeiten, zu wohnen, nennen

- ein Zimmer in einer Wohngemeinschaft
- ein Zimmer in einem Wohnheim

oder

- eine eigene Wohnung

b) Richtig oder falsch?

1. falsch
2. richtig
3. falsch

c) In eigenen Worten erklären

1. Ich bin der „Herrscher in meinem eigenen Reich", wenn ich selbst über alle Aspekte, die zu meinem Wohnen gehören, entscheiden kann. Ohne Mitbewohner/-innen, muss ich keine Rücksicht auf andere Wünsche oder Lebensweisen nehmen.
2. Wenn eine Wohnung allerdings viel Geld kostet, ist das „ein ganz schöner Batzen", der von meinem Einkommen für die Miete verbraucht wird.

d) Vor- und Nachteile der jeweiligen Wohnformen nennen

In einer Wohngemeinschaft teilt man sich viele Gegenstände, die in eine Wohnung gehören. So muss man sich nicht alles selbst anschaffen. Allerdings muss man auch auf die anderen Rücksicht nehmen und kann nicht alles alleine entscheiden.
Die billigste Art alleine zu wohnen, ist ein Zimmer in einem Wohnheim. In der Regel sind diese Zimmer aber zu klein, um dort Besuch zu bekommen.
Die eigene Wohnung bietet die meiste Privatsphäre und Selbstbestimmung. Man ist allerdings auch für alle Pflichten selbst verantwortlich.

2. Sprachgebrauch

a) Rechtschreibstrategien benennen

1. War**mm**iete: Das Wort wird aus dem Adjektiv „warm“ und dem Substantiv „Miete“ gebildet. Beim Zusammenschreiben werden beide Buchstaben „m“ beibehalten.
2. W**ä**sche: Das Substantiv „Wäsche“ gehört in die Wortfamilie „waschen“. Der Vokal „a“ erklärt die Verwendung des Umlauts „ä“.
3. regelmäßi**g**: Die Endung -ig gehört zu den möglichen Endungen von Adjektiven. Die Schreibprobe macht man durch eine Verlängerung des Wortes, die den Buchstaben „g“ hörbar macht (regelmäßige).
4. schlie**ß**lich: Der Umlaut -ie vor dem s-Laut wird lang gesprochen (Hörprobe) und hat somit eine scharfes ß zur Folge (-ss folgt auf einen kurzen Vokal).

b) Satzzeichen ergänzen

1. Eine Auszubildende berichtet, dass es ihr in ihrem Wohnheim sehr gefällt.
2. In einem Zimmer, das du selbst eingerichtet hast, fühlst du dich wohl.
3. Für die eigene Wohnung benötigst du ein Bett, einen Kleiderschrank, Geschirr und viele weitere Dinge.
4. Ich sage meinen Eltern: „Ihr braucht euch keine Sorgen zu machen.“

c) Beispiele für Wortarten nennen

1. Personalpronomen: ich *oder:* du, er, sie, es, wir, ihr, sie
2. Konjunktion: weil *oder:* wenn, obwohl
3. Präposition: wegen *oder:* vor, bei
4. Verb in der Grundform: spielen *oder:* essen, schreiben

d) Sätze in Zeitformen setzen

1. Ich werde eine schöne Wohnung finden.
2. Ich rief meine beste Freundin an.
3. Der Vermieter ist sehr nett.

A2 – Lektüre

„Schneeriese“ (Susan Kreller)

a) Themenfelder nennen

- Liebe
- Freundschaft
- erwachsen werden
- Familie
- Selbstfindung

oder

- Ehre

b) Wortverknüpfungen erklären

1. siamesische Häuser: Diese Wortverknüpfung leitet sich von dem Begriff „siamesische Zwillinge" ab, der besagt, dass zwei Kinder im Mutterleib an einer Stelle ihres Körpers zusammengewachsen sind. Die Häuser, in denen Adrian und Stella leben, sind vermutlich Reihenhäuser oder Doppelhaushälften, die ebenso zusammengewachsen aussehen.
2. Dreitotenhaus: Da die beiden Freunde wissen, dass innerhalb kurzer Zeit im Nachbarhaus drei Menschen verstorben sind, nennen sie das Haus „Dreitotenhaus".
3. Haltestellenmoment: Adrian und Stella treffen sich, nachdem sie die neue Familie im Nachbarhaus kennengelernt haben, nur noch an der Bushaltestelle. Vorher waren sie beste Freunde, die täglich Zeit miteinander verbrachten. Doch nun vermeidet Stella die Gesellschaft von Adrian, der sie sehr vermisst und den Moment an der Haltestelle in sich aufsaugt.

c) Merkmale von Misses Elderly nennen

- rote Haare
- raucht Vanillezigaretten
- Faible für künstliche Namen
- versteht immer, was gemeint ist
- interessiert sich für Menschen
- liest den Kindern Märchen vor

oder

- hört sich alte Schallplatten an / trauert um einen Liebhaber / hatte ein Alkoholproblem / heißt die neuen Nachbarn willkommen / hatte eine Affäre

d) Beschreiben, was Adrian klar wird

Adrian erkennt einen neuen Blick in Stellas Augen. Vielleicht ein Leuchten oder Strahlen, dass er vorher noch nie gesehen hat. Es gefällt ihm vermutlich, dieses intensive Hinschauen seiner Freundin. Aber als Stella registriert, dass Adrian vor ihr steht und nicht Dato, verschwindet dieser spezielle Ausdruck. Ihre Mundwinkel gehen leicht nach unten und zeigen damit die Enttäuschung, die sie empfindet. Adrian wird klar, dass Stella in Dato verliebt sein muss, denn nur so lässt sich der neue Blick erklären. Ihm wird auch klar, dass sie ihn noch nie so angesehen hat, also für ihn nicht dieses Gefühl empfindet. In diesem Moment stirbt für ihn die Hoffnung, dass seine Gefühle erwidert werden.

e) Dialog zwischen Dato und Stella vervollständigen

Dato: *„Warum bist du ausgerechnet mit Adrian befreundet?"*

Stella: „Als Adrian mit seiner Familie im Haus nebenan eingezogen ist, waren wir noch sehr klein. Wir haben uns sofort gut verstanden und die Misses hat sich immer um uns beide gekümmert. Es war sozusagen vorbestimmt. Wir konnten zusammen lachen und lustig sein."

Dato: *„Was hat es mit dieser Hollywoodschaukel auf sich?"*

Stella: „Als wir noch kleiner waren, hat uns meine Oma dort immer Märchen vorgelesen. Ich erinnere mich noch an das tolle Gefühl, wenn wir in Decken gewickelt, einen Kakao in der Hand, sogar im Winter dort saßen und uns gut aufgehoben gefühlt haben."

Dato: *„Warum sehe ich dich nie mit Adrian zusammen?"*

Stella: „Adrian und ich sehen uns nicht mehr, seit wir beide uns kennen. Ich vermisse ihn sehr, unsere Gespräche und die Freundschaft. Aber im Moment stimmt irgendwas nicht. Vielleicht ist er eifersüchtig?"

Dato: *„Warum hast du früher Angst vor unserem Haus gehabt?"*

Stella: „Bevor ihr in das Haus eingezogen seid, stand es sehr lange leer. In den sechs Jahren davor sind dort drei Menschen gestorben. Deshalb dachten wir, dass das Haus seine Mieter umbringt."

Dato: „Warum nennst du ihn ‚Einsneunzig'?"

Stella: „Weil er ein Problem mit seiner Größe hat. Vor allem seine Mutter leidet darunter, dass er so groß ist und noch weiterwächst. Ich wollte, dass er es normal findet. Jeder ist, wie er ist."

Dato: „Warum nennst du deine Großmutter ‚Misses Elderly'?"

Stella: „Sie wollte irgendwann plötzlich so genannt werden. Den genauen Grund kenne ich nicht. Ich weiß aber, dass sie irgendwas vor uns verbirgt. Sie ist anders und mag ulkige Namen, wie auch Adrians Spitznamen ‚Einsneunzig'. Ich habe mich daran gewöhnt."

Wahlteil – Teil B

1. Erörterung

Dürfen erwachsene Kinder verlangen, bei den Eltern wohnen zu bleiben?

In wenigen Wochen ist es soweit. Der Abschluss ist gemacht, die Lehrstelle zugesagt und die Freude auf mehr Freiheiten im Leben sehr groß. Doch wie soll man das finanzieren?
Ein Ausbildungsgehalt ist zu gering, um komplett unabhängig zu sein. Und neben der Ausbildung noch jobben plus Berufsschule? Das wird zu viel. Vielleicht ist das eigene Zimmer bei den Eltern doch die bessere Lösung. Man spart in der Regel ja nicht nur die Miete, sondern wird auch noch mit Lebensmitteln versorgt. Viele Eltern erledigen nebenbei noch alle lästigen Pflichten wie Wäschewaschen, Putzen oder den Einkauf. Eigentlich ist das Leben zu Hause wie im Hotel. Wenn man sich mit den Eltern gut versteht, ist es sehr bequem. Das Verhältnis zu den eigenen Eltern ist meiner Meinung nach ein wichtiger Faktor bei der Entscheidung, wie es nach dem Abschluss weitergehen kann. Im Idealfall ist es für beide Seiten schön, wenn die Familie weiter zusammenlebt. Im Fall von Michael Rotondo allerdings hätte ich als Richter genauso entschieden. Die Eltern wurden offensichtlich von ihrem Sohn nur ausgenutzt.

Textbeschreibung

2. Lyrik

„Besuch vom Lande" (Erich Kästner)

Das Gedicht „Besuch vom Lande" von Erich Kästner beschreibt die Eindrücke von Touristen in Berlin, die selbst auf dem Land wohnen. Das Gedicht setzt sich aus vier Strophen mit je fünf Versen zusammen. Das Reimschema ist abaab.
Erich Kästner stellt Berlin als sehr laut und grell dar. Die Geräusche erinnern an menschliches Stöhnen oder Schreien, überall sind Lichter oder Laternen, die die Nacht zum Tag machen. Der Autor personifiziert hier unterschiedliche Aspekte einer Großstadt wie Häuser, Autos und Bahnen. Die Besucher stehen „verstört" (V. 1) am Potsdamer Platz, also mitten in Berlin und finden es „zu laut" (V. 2). Vermutlich sind sie eine stille Nacht gewohnt. Alles erscheint ihnen „zu groß" (V. 10) und „zu wild" (V. 15). Nachdem sie sich das Treiben eine Zeit lang angesehen haben, bekommen sie sogar Angst und „machen alles verkehrt" (V. 17). In ihren Ohren klingt es, als ob die Stadt selbst „stöhnt, / weil irgendwer sie schilt" (V. 11 f). Das Gedicht endet mit dem Tod der Besucher, weil sie vor Schreck mitten auf dem Potsdamer Platz stehen bleiben und überfahren werden. Um die Handlung umzuschreiben, müsste ihnen ein/-e Anwohner/-in zu Hilfe kommen:

Sie machen vor Angst die Beine krumm.
Sie machen alles verkehrt.
Da lächelt sie plötzlich jemand an und fragt: „Kann ich helfen?"
Er bringt sie zum Hotel und niemand steht mehr rum,
der schaut wie die U-Bahn fährt.

3. Erzählung

„Der Schritt zurück" (Annette Rauert)

Die Erzählung „Der Schritt zurück" von Annette Rauert ist eine Geschichte, die zeigt, dass es manchmal mehr Mut erfordert, einen Schritt zurück zu machen, als zu springen.
Ein Junge steht auf einem Zehnmeterbrett und schaut in die Tiefe. Er soll springen, hat aber große Angst davor. Noch größer ist seine Angst, sich vor den anderen zu blamieren. Doch im letzten Moment entscheidet er sich heldenhaft dafür, ganz bewusst umzudrehen. Seine innere Haltung bewirkt, dass ihn keiner auslacht. Alle akzeptieren die Entscheidung und der Junge weiß, dass er es eines Tages schaffen wird. Er hat sich noch nie so stark gefühlt wie in diesem Moment. Wenn er gesprungen wäre, hätten die anderen ihn zwar auch anerkannt, aber er wäre sich selbst nicht treu geblieben. Mit seiner Entscheidung hat er mehr gewonnen als nur den Beifall der anderen, nämlich die Achtung vor sich selbst. Ohne diese ist das Lob der anderen nichts wert.
Viele junge Menschen kennen das Gefühl, von Freundinnen und Freunden oder Gleichaltrigen zu etwas angestiftet zu werden. Wie oft macht man irgendeinen Unsinn mit, nur weil es alle machen. Bei mir war es das Rauchen. Seit ich mich entschieden habe, offen damit umzugehen, dass es mir nicht schmeckt, kann ich gelassen mit meinen Freundinnen und Freunden unterwegs sein, ohne mich zu rechtfertigen. Und schlecht vom Tabak wird mir jetzt auch nicht mehr.

Pflichtteil – Teil A

A1 – Sachtext

„Warum sich Menschen tätowieren lassen: Über ein Schönheitsideal und den Spiegel der Persönlichkeit"

Textverständnis

1. Zwei Gründe, sich tätowieren zu lassen, nennen

- Zeichen der Individualität
- auffallen und sich abheben von Gleichaltrigen

oder

- einschneidende Lebensereignisse festhalten

2. Richtig oder falsch?

a) richtig
b) falsch
c) falsch

3. Drei Verhaltensweisen, die Menschen mit vielen Tätowierungen zeigen, nennen

- Sie sind experimentierfreudiger und risikobereiter.
- Sie sind offen für Neues und abenteuerlustig.
- Sie sind auf der Suche nach Risiko und mehr Reizen.

oder

- Sie sind gesprächiger.

4. Vier Möglichkeiten junger Menschen, sich abzuheben, finden

Der Text nennt vier Möglichkeiten für junge Menschen, sich abzuheben: durch die Wahl der Kleidung, der Frisur, durch ungewöhnliche Hobbys oder Körperschmuck wie Tätowierungen oder Piercings.

Sprachgebrauch

5. Beispiele für Wortarten nennen

a) Personalpronomen: ich
b) Verb in der Grundform: fliegen
c) Konjunktion: und
d) Präposition: auf

6. Schreibung der fettgedruckten Buchstaben erklären

a) I**mm**er: Der Doppelkonsonant folgt auf einen kurz gesprochenen Vokal.
b) **A**ußergewöhnliches: Die Großschreibung ergibt sich durch die Substantivierung des Adjektivs.

7. Fett gedruckte Begriffe ersetzen

a) Tätowierte wollen sich **markieren**.
b) Wichtigster **Beweggrund** von Jugendlichen ist der Wunsch nach Individualität.
c) Tätowierungen sind inzwischen deutlich häufiger gesellschaftlich **akzeptiert**.

8. Fehlende Satzzeichen einsetzen

a) Es ist nicht leicht(,) zu erklären, warum sich Menschen tätowieren lassen.
b) Motive für ein Tattoo sind zum Beispiel ein Einhorn, ein Delfin, ein Schriftzeichen oder ein aufwendiges Bild.
c) „Morgen werde ich mir ein Tattoo stechen lassen", sagt die 18-jährige Tochter zu ihrer Mutter.

9. Sätze in angegebene Zeitformen setzen

a) Er hat sich für ein Tattoo am Oberarm entschieden.
b) Seine Tätowierung auf dem Rücken gefällt ihm nicht mehr.
c) Am Montag wird er sich im Tattoo-Studio beraten lassen.

A2 – Lektüre

„Der Sonne nach" (Gabriele Clima)

10. Themenfelder nennen

- Erwachsenwerden
- Freundschaft
- Beziehung zu den Eltern

oder

- Suche nach eigenständigem Leben
- Drogen
- Umgang mit Menschen mit Behinderung
- Grenzüberschreitungen
- Verantwortung
- Konflikte in der Schule

11. Kapitel zuordnen

Kapitel 6: Sie steigen in den Zug.
Kapitel 9: Andy und Dario sitzen am Meer.
Kapitel 13: Rak motorisiert den Rollstuhl.
Kapitel 20: Sie übernachten in einer Kirche.
Kapitel 25: Bei der Party lässt Dario Andy eine Weile alleine.
Kapitel 29: Ankunft bei Darios Vater.
Kapitel 32: Dario und die Nonne retten einen verletzten Vogel.
Kapitel 36: Andy und sein Vater besuchen Dario zu Hause.

12. Darios Probleme mit Elisas Art, mit Andy umzugehen, in drei Beispielen beschreiben

Elisa behandelt Andy wie ein kleines Kind – sie nimmt ihn und seine Bedürfnisse nicht ernst. Manchmal spricht sie mit ihm sogar in der dritten Person. Sie lächelt dauernd. Sie nimmt ständig seine angeblichen Bedürfnisse vorweg. Sie gesteht ihm keine Selbstständigkeit zu, nennt ihn „ihren" Andy. Sie hält Andy nicht für einen normalen Menschen.

13. Andys erstes Wort und Darios Reaktion darauf beschreiben

Im Wintergarten der Schule sagt Andy plötzlich „Onne", also „Sonne". Dario wundert sich kurz, versteht aber sein Bedürfnis und fährt mit ihm hinaus in den Hof, wo Andy die echte Sonne sehen und genießen kann.

14. Zwei Veränderungen Andys nennen

- Nach seiner Rückkehr spricht und antwortet Andy.
- Er bewegt sich mehr, kann z. B. den Arm bewegen.
- Er ist viel selbstständiger geworden.

15. Darios Brief an Andy verfassen

Piacenza, den 5. August 2020

Hi Andy,
lange nicht gesehen, was? Mann, unsere Reise war echt super, so viel Spaß hatte ich schon lange nicht mehr wie mit dir. Geht's dir auch so?
Für zwei Dinge möchte ich mich allerdings bei dir entschuldigen. Dass ich eingeschlafen bin, als wir zusammen am Strand saßen, tut mir wirklich leid. Du warst hinterher kalt wie ein Fisch, und das war meine Schuld. Und dass ich dich auf der Party bei Tiffany alleine gelassen habe, dass diese idiotischen Drogis so einen bescheuerten „Spaß" mit dir gemacht haben. Das war echt total daneben. Und ich hab's nicht verhindert!
Außerdem will ich mich bei dir noch für etwas bedanken. Als es mir echt mies ging, hast du mir den blauen Stein geschenkt. Das hat mir total geholfen, danach ging's mir viel besser.
Was mich echt aufregt, ist, wenn andere dich behandeln wie einen Idioten. Zum Beispiel die gaffenden und tuschelnden Leute auf dem Kirchplatz. Mann, denen haben wir's gezeigt mit dem rasenden Rakmobil. Die sind auseinandergespritzt wie die Hühner, echt krass.
Jedenfalls verstehen wir zwei uns prima und ich würde dich gerne wieder häufiger sehen. Vielleicht können wir ja sogar irgendwann noch mal miteinander losziehen, das würde mir echt Spaß machen.
So, du rasender Idiot, mach's gut und bis hoffentlich bald
Dein Dario

oder

15. Dialog zwischen Dario und seiner Mutter vervollständigen

Mutter: *„Ich hab' mir Sorgen um euch gemacht."*
Dario: „Kann ich verstehen. Tut mir echt leid. Aber ich musste das tun. Ich wollte Andy die ‚echte' Sonne zeigen und ihm ein Stück Freiheit ermöglichen. Ich selbst bin einfach vor meinen Problemen davongelaufen. Dass wir in den Zug gestiegen sind, hat sich halt so ergeben. Und dann kam alles Weitere wie von selbst. Zuerst wollten wir nur ans Meer. Bei Rak ist mir dann klargeworden, dass ich Papa suchen will."
Mutter: „Das kann ich verstehen. Und wie war es unterwegs?"

Dario: „Also wir haben viel erlebt. Einmal waren wir auf einer Party in irgendeiner Villa mit Pool und allem. War zuerst echt cool, aber dann lief's ziemlich schief – wir haben gerade noch die Kurve gekriegt. Und einmal in der Nacht habe ich zusammen mit einer Nonne einen verletzten Reiher gerettet."

Mutter: „Das hört sich ja spannend an. Und was habt ihr sonst noch erlebt?"

Dario: „Es war echt lustig mit Andy. In einem Einkaufszentrum sind wir mal eine halbe Stunde lang Rolltreppe gefahren. Andy war total glücklich und ich auch. Und als Andy in einer Bar plötzlich selbst ein Glas hochgehoben hat, Mann, das hat mich total beeindruckt."

Mutter: „Scheint ja wirklich ein toller Trip gewesen zu sein."

Dario: „Ja, die vier Tage haben uns beiden gutgetan. Mir ist einiges klar geworden. Und ich habe viel von Andy gelernt. Auch Andy hat so viel gelernt. Er kann sprechen, sich mehr bewegen. Er ist viel selbstständiger geworden. Ich bin echt froh, dass wir uns getroffen haben!"

Wahlteil – Teil B

1. Erörterung

„Hältst du es für richtig, dass die Arbeitgeber bestimmen, ob die Mitarbeiter sichtbare Tätowierungen haben dürfen?"

Heutzutage sind immer mehr Menschen tätowiert. Der vorliegende Text „Kündigungsgrund: Tätowierung" handelt von der Problematik, die eine sichtbare Tätowierung im Arbeitsalltag mit sich bringen kann. Viele Arbeitgeber/-innen achten auf das Erscheinungsbild ihrer Angestellten und so kann es sein, dass ein gewünschter Karriereweg nicht eingeschlagen werden kann, weil die Bilder auf der Haut nicht zum Image passen. Die Arbeit im öffentlichen Dienst – wie bei der Polizei – ist besonders betroffen. Auch bei Berufen mit viel Publikumsverkehr, wie etwa Bankangestellte oder Servicekräfte im Restaurant, können Arbeitgeber/-innen Tattoos verbieten. Sichtbare Tattoos bringen viele Menschen immer noch mit Straftätern in Verbindung, und diesen würde man weder seine Sicherheit noch sein Geld anvertrauen. Gelegentlich klagen Arbeitnehmer/-innen, die wegen ihres Körperschmucks ihre Stelle verlieren, vor Gericht.

Mein persönlicher Wunsch ist es, im Einzelhandel zu arbeiten. Hier sind sicherlich größere Freiheiten möglich als bei Beamten oder Bankangestellten. Trotzdem wird es einen Unterschied machen, in welchem Bereich man arbeitet. Denn es gibt auf der einen Seite Geschäfte, die Wert auf Seriosität und ein klassisches Erscheinungsbild legen, und ebenso hippe Boutiquen, die mit Individualität spielen. Dort sind Tätowierungen sicherlich kein Problem. Man kann sich aber unter Umständen den Ausbildungsplatz nicht aussuchen.

Ich würde nicht vollständig auf Tätowierungen verzichten, um einem anderen Menschen zu gefallen. Dann wäre ich selbst nicht mehr authentisch und das ist mir wichtig. An einem Arbeitsplatz, an dem man viele Stunden des Tages verbringt, sollte man sich wohlfühlen, und das geht nur, wenn man sich nicht verstellen muss. Deshalb bin ich generell der Meinung, dass Arbeitgeber/-innen heutzutage die Individualität ihrer Mitarbeiter/-innen akzeptieren sollten.

Textbeschreibung

2. Lyrik

„Sozusagen grundlos vergnügt" (Mascha Kaléko)

In dem Gedicht „Sozusagen grundlos vergnügt" von Mascha Kaléko geht es um die regelmäßigen Abläufe der Natur und welche Auswirkungen sie auf das Wohlbefinden des lyrischen Ichs haben.
Das Gedicht besteht aus drei Strophen und insgesamt 26 Versen. Die ersten beiden Strophen haben jeweils acht Verse, die dritte Strophe besteht aus zehn Versen. Die erste Strophe beinhaltet einen unreinen umarmenden Reim sowie zwei Paarreime. Die zweite Strophe besteht aus vier Paarreimen und die dritte Strophe schließlich aus einem Kreuzreim und drei Paarreimen.
In der ersten Strophe beschreibt das lyrische Ich in einer langen Aufzählung die Vorgänge in der Natur, über die es sich freut. Innerhalb dieser acht Verse finden sich viele Alliterationen wie „Heckenrosen und Holunder" (V. 4), „Brummer brummen" (V. 6) und „Spatzen schwatzen" (V. 8). Diese Beschreibung wirkt sehr lebendig und anschaulich. Die Wortspiele versetzen die Leserschaft in eine heitere Grundstimmung und veranlassen ein kurzes Innehalten und Lauschen.
Die zweite Strophe beschreibt die Abläufe in der Natur, deren Regelmäßigkeit durch das durchgehende Reimschema unterstrichen wird. Für das lyrische Ich sind die Wechsel von Tag und Nacht und der Jahreszeiten, Freude an der Natur und die Sicherheit, dass Ereignisse wiederkehren, der Sinn des Lebens. Die dritte Strophe beinhaltet eine starke Metapher, in der das lyrische Ich sein Seelenleben mit einem aufgeräumten warmen Haus vergleicht (vgl. V. 17 f.). In diesem Zustand fühlt es sich, als sei es bereits im Himmel (vgl. V. 19 f.). Derart zufrieden mit sich und der Welt, fallen ihm zwischenmenschliche Beziehungen leicht.
Ich erinnere mich an eine Situation im letzten Jahr, in der ich mich ähnlich gefühlt habe. Meine Fußballmannschaft konnte das schwerste Spiel der Saison in letzter Sekunde für sich entscheiden, indem ich das entscheidende Tor geschossen habe. Es hätte mich nicht gewundert, wenn ich in diesem Moment vor Freude in den Himmel hätte fliegen können.

3. Prosa

„Im Abseits" (Torsten Löschmann)

Die Kurzgeschichte „Im Abseits" von Torsten Löschmann beschreibt das Gefühlsleben eines Vaters, der zu Hause auf seine 15-jährige Tochter wartet, die auf eine Party gegangen ist.
Der Vater freut sich auf einen gemütlichen Fernsehabend allein auf dem Sofa. Allerdings ist er so müde, dass er einschläft, obwohl sein Lieblingsverein Fußball spielt. Als er bemerkt, dass seine Tochter zur verabredeten Zeit noch nicht zu Hause ist, fühlt er sich bestätigt, denn dies sei „typisch" (Z. 26) für sie. Er findet sie unzuverlässig und unterstellt ihr, dass sie ihre Eltern für „kleinkariert" (Z. 27) hält und ihre Sorgen nicht ernst nimmt. Obwohl der Vater ein schlechtes Gewissen hat, weil er nicht weiß, wo sich seine Tochter aufhält, schiebt er ihr die Schuld zu und tut ihr damit unrecht. Zu Beginn geht man von einem typischen Verhältnis zwischen Eltern und Jugendlichen aus, doch die Geschichte wendet sich, als klar wird, dass die Tochter schon längst schlafend im Bett liegt. Die 15-jährige Tochter ist ein zuverlässiges Mädchen, das sogar vor der verabredeten Zeit nach Hause kommt. Sie verhält sich rücksichtsvoll und lässt sich von der grummeligen Art des Mannes nicht aus der Ruhe bringen. Sie macht insgesamt den überlegeneren Eindruck.
Die Wut des Vaters beginnt zunächst mit Wut auf sich selbst. Als der Mann aufwacht, ärgert er sich darüber, dass er eingeschlafen ist. Danach stellt er fest, dass sein Lieblingsverein das Fußballspiel verloren hat, was seine Laune weiter verschlechtert. Dann erst kommt die Tochter ins Spiel, deren Jacke er entdeckt. Der Anblick verstärkt auch sein Gefühl, ein schlechter Vater zu sein, er macht sich immer größere Sorgen. Selbst als er vor seinem zornigen Spiegelbild erschrickt, kommt er aus

seiner Wut nicht heraus. Er steigert sich immer weiter hinein, bis er schließlich sogar die Jacke, in der das Handy steckt, zerreißt. Dieser Zustand ebbt erst langsam ab, als er im Gespräch mit der verschlafenen Tochter, die brav im Bett liegt, merkt, dass er ihr großes Unrecht angetan hat. Im Nachhinein wird der Vater sicher aus schlechtem Gewissen und Scham über seine Vorurteile gegenüber der Tochter sein eigenes Verhalten herunterspielen und der Mutter nur voll Lob berichten, wie zuverlässig das Mädchen die Vereinbarung eingehalten hat.

Pflichtteil – Teil A

A1 – Sachtext

„Mehrheit der Kinder und Jugendlichen bewegt sich zu wenig"

Textverständnis

1. Richtig oder falsch?

a) richtig
b) falsch
c) richtig
d) falsch
e) richtig

2. Begriffe erklären

- alarmierend: Alarmierend bedeutet, dass etwas erschreckend ist und Gefahr besteht.
- die Heranwachsenden: Heranwachsende sind Kinder und Jugendliche.

3. Zwei Gründe für weniger Bewegung bei Kindern und Jugendlichen nennen

- Viele Jugendliche verbringen immer mehr Zeit sitzend mit elektronischen Medien.
- Sportangebote sind in den letzten Jahren so teuer geworden, dass sich Familien diese nicht mehr leisten können.

4. Drei Möglichkeiten, Kinder und Jugendliche zum Sport zu bewegen, nennen

- täglich eine Stunde Sport in der Schule
- längere Pausen in der Schule
- mehr öffentliche Sportanlagen

oder

- von Städten und Gemeinden geförderte Sportangebote für Kinder und Jugendliche

Sprachgebrauch

5. Schreibung der fettgedruckten Buchstaben erklären

a) Mitgliedsbeitr**ä**ge: Ableiten aus der Grundform „Mitgliedsbeitrag"
b) im **L**iegen: Nominalisierung/Substantivierung durch Artikel „im" = in dem
c) Ergebni**ss**e: kurze Aussprache des Vokals i erfordert Doppelkonsonant im Anschluss, auch hörbar bei der Zerlegung in Silben

6. Fehlende Satzzeichen einsetzen

a) Mannschaftssportarten verbessern die Teamfähigkeit**,** weil alle ein gemeinsames Ziel haben.
b) Beim Tennisspielen wird die Muskulatur an Beinen**,** Armen und Rumpf gestärkt.
c) Meine Mutter sagt**:** **„**Geh endlich raus**!** Bewegung tut dir gut.**"**

7. Drei Nomenkomposita nennen

- Weltgesundheitsorganisation (Z. 4)
- Jugendsportbericht (Z. 11)
- Computerspielen (Z. 17)

oder

- Bewegungsmangel (Z. 20), Dauersitzen (Z. 26 f.), Mediennutzung (Z. 29), Sportangebote (Z. 31 f.), Schwimmbadbesuche (Z. 33), Vereinssport (Z. 34), Mitgliedsbeiträge (Z. 34), Sportvereine (Z. 36), Sportwissenschaftler (Z. 38), Schulsport (Z. 39), Schulpausen (Z. 41), Grundlage (Z. 43), Bewegungsanreize (Z. 44), Sportanlagen (Z. 45), Nachfrage (Z. 48)

8. Feldermodell zeichnen

Vorfeld	**linke Satzklammer**	**Mittelfeld**	**rechte Satzklammer**	**Nachfeld**
Übergewicht	beeinträchtigt	die Gesundheit von Kindern und Jugendlichen.		
Eine Verlängerung der Pausen	wäre	sinnvoll	gewesen.	

9. Sätze in angegebene Zeitformen setzen

a) Ich trank weniger süße Getränke.
b) Das Volleyballtraining wird großen Spaß machen.

A2 – Lektüre

„Herzsteine" (Hanna Jansen)

10. Vier Beispiele nennen, woran Sam merkt, dass mit seiner Mutter etwas nicht stimmt

- Sams Mutter geht häufig tagsüber ins Bett.
- Wenn sie nachts schläft, hat sie oft schreckliche Albträume und Sam wird von ihren Schreien wach.
- Fe hat eine Panikattacke im Kaufhaus und wird von zwei Polizisten nach Hause gebracht. Aber sie spricht nicht darüber, beantwortet keine Fragen.
- Sam sieht seine Mutter zum ersten Mal weinen.

11. Charaktereigenschaften zuordnen

Inyana: verspielt, ehrgeizig, wild, unbeschwert
Felicitas: distanziert, unglücklich, elegant, ängstlich

12. Erklären, warum die Einwohner/-innen gegenüber Ennas Mutter negativ eingestellt sind

Ennas Mutter Helen ist Heilerin. Sie hat nicht studiert, weiß aber alles über Krankheiten und kann sie heilen. Vor allem heilt sie durch Handauflegen. Das führt dazu, dass viele Inselbewohner/-innen gemein oder verächtlich über sie denken und reden, nur wenige nehmen ihre Hilfe in Anspruch. Auch Sams Vater, der Schulmediziner ist, macht sich über Helen und ihre Fähigkeiten lustig. Nicht nur ihr Beruf als Heilerin, auch ihre äußere Erscheinung ist ungewöhnlich: Sie ist sehr groß und korpulent, trägt lange bunte Kleider, was ebenfalls dazu führt, dass ihr Verachtung entgegengebracht wird.

13. Drei Unterschiede zwischen dem Leben in Afrika und Deutschland nennen

- Sams Mutter lebt in Ruanda in einem kleinen Haus aus Lehm.
- Die Häuser sind ohne Küche, Bad, Strom oder Wasseranschluss.
- Gekocht wird auf einer Feuerstelle im Hof.
- Sam ist überrascht, dass nachts noch so viele Leute auf der Straße sind.
- Überall sind bewaffnete Polizisten und Soldaten zu sehen.

14. Angeben und begründen, wo Sam und sein Vater in Zukunft leben wollen

Sam will auf Sylt bleiben und nicht zurück nach Hamburg. Er möchte jetzt, da seine Eltern sich getrennt haben und seine Mutter in Ruanda bleibt, einen Neuanfang für sich und sein Leben selbst in die Hand nehmen. Er braucht Abstand von den Ereignissen und weiß, dass das Leben in Hamburg sowieso nicht mehr so wäre wie vorher. Er will herausfinden, wer er ist und was er will und vor allem möchte er bei Enna bleiben.
Sein Vater Luk möchte so schnell wie möglich mit Sam zurück nach Hamburg, in das alte Leben. Ihm ist vor allem seine alte Arbeit dort wichtig.

15. Ein Beispiel nennen, wie Felicitas andere in Ruanda unterstützt

Felicitas möchte den Menschen vor Ort helfen, indem sie zum Beispiel in einem Waisenhaus arbeitet. Dort unterrichtet sie Englisch, unterstützt die Menschen aber auch freigiebig mit Essensspenden.

16. Sams Brief verfassen

Sylt, 2. Mai 2018

Hallo Jean-Claude,

zurück in Deutschland stehen die Ereignisse und Erlebnisse in Ruanda noch bildlich vor mir. Der Abschied von Mum ist mir nicht leichtgefallen, ich war enttäuscht, dass sie nicht mit uns zurückgeflogen ist und traurig, aber gleichzeitig auch froh für sie. Ich hoffe und wünsche ihr, dass sie mit ihrem neuen Leben glücklich wird. Sie war in Ruanda wirklich ganz anders als in Deutschland. Wenn sie dadurch, dass sie den Menschen bei euch hilft, ihre Schuld ausgleicht und ihren Frieden findet, wäre das wunderbar.
Vor allem unser Besuch auf dem Markt ist mir in Erinnerung geblieben: Mir ist mein Verhalten noch immer peinlich – gut, dass du mir geholfen hast. Und natürlich Gisozi: Nie werde ich das, was ich dort gesehen und erlebt habe, vergessen.
Ich möchte, dass wir in Kontakt bleiben. Ich bin dir echt dankbar für die gemeinsame Zeit in Ruanda. Du bist auch ein Teil meiner Familie, das fühle ich deutlich.

Bis bald und viele Grüße
Sam

oder

16. Ennas Tagebucheintrag verfassen

Ich bin so erleichtert und glücklich, dass Sam wieder da ist. Und dass er wirklich in das Buch geschrieben hat, das ich ihm geschenkt habe. Es zu lesen, ist ein bisschen so, als hätte ich ihn begleitet. Jetzt hat er eine Kuh in Ruanda, wie lustig – und wie berührend. Ja, er gehört irgendwie ja auch zu diesem Teil der Familie. Das Geschenk hat ihn scheinbar sehr überrascht. Und was er über den Ausflug nach Gisozi schreibt, hat mich tief berührt. Der Völkermord an sich ist ja schon furchtbar, aber wenn Familienmitglieder dort begraben sind, ist das sicher fast unerträglich. Ich kann Sams Mutter verstehen, dass sie dortbleiben will und die Schuld, die sie fühlt, ausgleichen möchte, indem sie nun den Menschen hilft. Aber für Sam ist das wahrscheinlich nicht so einfach. Ich kann ihm Kraft geben, ich will mit ihm zusammenbleiben. Und vielleicht können wir ja sogar mal zusammen nach Ruanda fliegen und seine Familie dort besuchen.

„Kleider machen Leute" (Gottfried Keller)

10. RIchtig oder falsch?

a) falsch
b) falsch
c) richtig
d) richtig
e) richtig
f) falsch

11. Drei Verhaltensweisen von Wenzel Strapinksi nennen

- Er isst den Fisch mit der Gabel anstatt mit dem Messer.
- Er trinkt den Wein nur in kleinen Schlückchen.
- Er isst die Pastete aus Rebhühnern und rührt den Braten nicht an.

12. Aussagen vervollständigen

a) Böhni ist Wenzel Strapinski beim ersten Treffen wohlgesinnt, weil *er merkt, dass Wenzel nicht geldgierig ist.*

b) Wenzel Strapinski verlässt nach dem Kartenspiel Goldach nicht, denn *er verliebt sich in Nettchen und möchte sie kennenlernen.*

c) Wenzel Strapinski entscheidet sich nach dem Stadtrundgang zu bleiben. Er schläft in der Folge sehr schlecht, da *er Angst hat, als armer Schneider entdeckt zu werden.*

d) Beim klärenden Gespräch entscheiden sich Nettchen und Wenzel Strapinski zusammen zu bleiben. Wenzel Strapinski will mit ihr in die weite Welt gehen, doch Nettchen *will in Seldwyla leben, um den Menschen dort zum Trotz zu zeigen, dass sie Wenzel und Nettchen vereint haben, anstatt ihr Glück zu zerstören. Nettchen möchte durch Klugheit und Arbeit die Bewohner/-innen von Seldwyla von sich abhängig machen.*

13. Vier Argumente des Anwalts nennen

- Wenzel hat einen guten Ruf und niemand kann etwas Böses über ihn berichten.
- Wenzel hat sich selbst nie für einen Grafen ausgegeben, sondern wurde nur von anderen als Graf bezeichnet.
- Er hat schriftlich mit seinem richtigen Namen unterzeichnet.
- Den Adelstitel haben ihm andere verliehen.

14. Nettchens Brief verfassen

Seldwyla, im November 1874

Mein liebes Vrenchen,

nun bin ich also verheiratet. Fast wäre es gar nicht so weit gekommen, denn auf unserer Verlobungsfeier kam es zu einem unglaublichen Ereignis: Im selben Gasthaus fand ein Maskenzug der Schneider aus Seldwyla – Wenzels alte Heimat – statt. Die Gesellschaft wollte zu unserer Unterhaltung einen Schautanz aufführen. Allerdings diente dieser allein dazu, Wenzel bloßzustellen bzw. als einfachen Schneider zu enttarnen. Mein Wenzel sollte gar kein Graf, sondern nur ein armer Schneider sein? Ich stand unter Schock. Ich begriff nicht, was passierte. Ich war traurig und verwirrt. Ich wollte aber auch unbedingt mit ihm sprechen und erfahren, wie es dazu kommen konnte. Wenzel erklärte mir alles und ich konnte seine Situation gut verstehen, hatte sogar Mitleid mit ihm. In diesem Gespräch zeigte sich, welch wunderbarer Charakter in Wenzel steckt. Meine Liebe zu ihm wurde nochmals bestätigt und somit haben wir uns für eine Hochzeit entschieden.
Ich freue mich, wenn du uns bald mal in Seldwyla besuchen kommst.

Liebe Grüße
Nettchen

oder

14. Wenzels Tagebucheintrag verfassen

Liebes Tagebuch,

als ich heute vor den Toren der Stadt spazierte, befand ich mich auf einem Scheideweg. Ich war hin- und hergerissen: Sollte ich gehen oder bleiben? Auf der einen Seite lockte die Freiheit. Ich hätte wieder als Schneider arbeiten können und wäre endlich dieses schlechte Gewissen losgeworden. Auf der anderen Seite würde ein Weggang aus der Stadt auch eine Rückkehr in die Armut und Dunkelheit bedeuten. Hier in Goldach quälen mich mein schlechtes Gewissen sowie die Angst, entdeckt zu werden. Aber im Moment führe ich ein angenehmes Leben in Anerkennung und Reichtum. Ich fühle mich in der Gesellschaft sehr wohl und letztlich ist mir auch noch die Liebe über den Weg gelaufen. Ich wünsche mir eine Zukunft mit Nettchen in Wohlstand. Ich hoffe, es war die richtige Entscheidung, in Goldach zu bleiben.

Wahlteil – Teil B

1. Erörterung

„Sollte der Verkauf von zuckerhaltigen Softdrinks an Kinder und Jugendliche unter 18 Jahren weiterhin erlaubt sein?"

Der Online-Artikel „Softdrinks – von wegen süß" von „Die Zeit" beschäftigt sich mit der Frage, ob ein Verkauf von zuckerhaltigen Softdrinks an Kinder und Jugendliche verboten werden sollte.
Jeder, der schon einmal einen Softdrink getrunken hat, weiß, dass er süß schmeckt. Deshalb sind sie ja auch so beliebt. Viele finden den Geschmack so lecker, dass sie immer mehr davon trinken möchten. Wie viel Zucker man dabei zu sich nimmt, interessiert besonders Kinder und Jugendliche eher weniger. Aber damit sind sie schon in die Zuckerfalle geraten und werden süchtig nach mehr. Daraus können Gewichts- und Gesundheitsprobleme entstehen. Um die Kundschaft zum Kauf zu verleiten, sind die Verpackungen der Softdrinks immer besonders reizvoll für Kinder und Jugendliche gestaltet und viele kaufen sich täglich große Mengen davon. Aber reichen diese Argumente tatsächlich für ein Verbot des Verkaufs an Kinder und Jugendliche unter 18 wie bei Alkohol? Die Ernährung der Menschen hat sich in den letzten Jahren mit dem Fast Food so negativ verändert, dass die Zunahme an Gewichts- und Gesundheitsproblemen nicht alleine auf das Trinken von Softdrinks zurückzuführen ist. Wenn diese wegfallen, findet der Konsum von Zucker an anderer Stelle statt. In Schulen und Familien kann vielmehr ein Bewusstsein für Zuckerfallen geschaffen werden, wie es das Fach „Gesunde Ernährung" leistet. Durch Wissen erreicht man langfristig gesehen bessere Erfolge, als durch Verbote. Die Freiheit, selbst über seine Ernährung zu entscheiden, darf ein Staat nicht einschränken. Sie muss und kann von gut aufgeklärten Bürgerinnen und Bürgern selbst getroffen werden.
Meiner Meinung nach ist ein Verbot von Softdrinks ein zu großer Eingriff in die Eigenverantwortung der Menschen. Eine gute Wissensvermittlung über Lebensmittel und deren Herstellung ist in jedem Fall vorzuziehen. Ergänzend dazu sollte es in Schulen viel mehr Sportunterricht und Bewegungsangebote geben, um Gesundheit ganzheitlich zu fördern.

Textbeschreibung

2. Lyrik

„Sachliche Romanze" (Erich Kästner)

In Erich Kästners Gedicht „Sachliche Romanze" aus dem Jahr 1928 geht es um die verlorene Leidenschaft in der Beziehung zwischen einem Mann und einer Frau. Nachdem die beiden acht Jahre miteinander verbracht haben, merken sie, dass sich ihre Gefühle füreinander verändert haben. Zunächst versuchen sie, einfach weiterzumachen wie bisher, und lassen den Alltag laufen. Als sie jedoch eines Nachmittags in einem Café sitzen und sich nichts mehr zu sagen haben, müssen sie sich fassungslos eingestehen, dass ihre Liebe einfach abhandengekommen ist.
Das Gedicht besteht aus vier Strophen mit je vier Versen, die im Kreuzreim verfasst sind. Die letzte Strophe hat einen zusätzlichen Vers, der die Gefühlswelt des Paares zusammenfasst. Dessen Reimschema ist abaab. Durch diese Verlängerung am Ende fühlt die Leserschaft, wie schwer es dem Paar fällt, sich endgültig zu trennen. In der ersten Strophe lässt sich vermuten, dass beide unbewusst nach etwas suchen, wie andere Menschen nach einem verlegten Gegenstand suchen würden. In der zweiten Strophe sind beide traurig, überspielen dieses Gefühl aber damit, dass sie sich wie früher verhalten. Doch schließlich beginnt die Frau, zu weinen und der Mann steht ohne Gefühlsregung daneben. Er macht jedoch in der dritten Strophe dann den praktischen Vorschlag, einen Kaffee trinken zu gehen, wahrscheinlich als letzten Rettungsversuch. In der vierten Strophe sitzen beide stumm am Tisch und rühren gedankenverloren in ihrem Getränk, das langsam kalt wird. Diese Metapher kann symbolisch für die Liebe des Paares angesehen werden. Die Fassungslosigkeit der beiden drückt sich im Schweigen aus. Keiner der beiden findet einen wirklichen Grund für das Ende der Beziehung.
Es ist verblüffend, wie Erich Kästner es geschafft hat, mit so wenigen Worten in einem „einfachen" Gedicht so eine große Gefühlswelt darzustellen. Im Augenblick kann ich mir noch nicht vorstellen, wie es sein wird, wenn eine Beziehung bereits acht Jahre hält, hoffe aber, dass man mit dem richtigen Partner oder der richtigen Partnerin auch solche Zeiten meistern kann. Bei den meisten Trennungen kommt es meiner Meinung nach zu viel mehr Streit und Auseinandersetzungen, da mindestens eine Person gekränkt ist. Dieses stumme Ende im Gedicht wirkt seltsam.

3. Prosa

„Vor Gericht" (Heinz Liepmann)

Die Kurzgeschichte „Vor Gericht" von Heinz Liepmann spielt in Amerika und behandelt eine Gewissensfrage, bei der es zunächst keine eindeutig richtige Antwort gibt. Der Erzähler lebt erst seit kurzem in ärmlichen Verhältnissen in den USA und teilt sich mit zwei Freunden aus Deutschland ein Zimmer. Eines Tages erkrankt ein Sohn des Vermieters, welcher Witwer mit fünf Kindern ist, schwer. Der amerikanische Arzt des Viertels verweigert nach kurzer Zeit die weitere Behandlung, weil die Familie bei ihm Schulden hat. Da es dem Kind immer schlechter geht, bittet der Vermieter den einen jungen Deutschen, Kurt, erneut um Hilfe, da dieser in seiner Heimat bereits ein examinierter Kinderarzt war. Um in Amerika zu praktizieren, fehlt ihm jedoch noch das amerikanische Staatsexamen. Somit würde sich Kurt strafbar machen, wenn er den Patienten behandelt. Er muss sich nun zwischen seinem ärztlichen Schwur, zu helfen und dem amerikanischen Gesetz entscheiden. Beides hätte seine Berechtigung, aber was wiegt mehr? Einerseits könnte Kurt dem Kind helfen, das sonst wahrscheinlich sterben würde, andererseits würde er seine gerade neu begonnen Zukunft aufs Spiel setzen, da er seine Zulassung nicht bekommen würde, wenn er eine Straftat begangen hat. Kurt behandelt das Kind, und der Junge wird wieder

gesund. Der andere Arzt zeigt ihn daraufhin jedoch an und der junge Deutsche muss vor Gericht. Als die anderen Bewohner/-innen des Hauses und der Straße davon erfahren, erfasst sie ein so starkes Gemeinschafts- und Gerechtigkeitsgefühl, dass sie geschlossen der Verhandlung beiwohnen, um Kurt zu unterstützen. Sie sammeln sogar Geld, sprechen mit dem Richter und wollen für ihn bürgen. Der Richter spricht Kurt am Ende frei, da das Leben des Jungen seiner Meinung nach über dem Gesetz des Landes steht.
Ich finde die Entscheidung des Richters ist angemessen und richtig. Ein Menschenleben, vor allem das Leben eines Kindes, ist in diesem Fall moralisch deutlich mehr wert als das fehlende Examen. Zumal Kurt in Deutschland bereits ein vollständig ausgebildeter Arzt war. Der Richter hat hier die Grenzen seiner Macht erkannt und den Wert eines Menschenlebens gewürdigt.

Leitidee Zahl – Variable – Operation

1. Zahlterme berechnen

Aufgabe 1

Umwandlung in Dezimalzahlen

$1{,}3 = 1{,}3$

$\frac{6}{5} = \frac{12}{10} = 1{,}2$

$1{,}26 = 1{,}26$

$\frac{5}{4} = \frac{125}{100} = 1{,}25$

Ordnung: $\frac{6}{5} < \frac{5}{4} < 1{,}26 < 1{,}3$

Umwandlung in gleichnamige Brüche

$1{,}3 = \frac{13}{10} = \frac{130}{100}$

$\frac{6}{5} = \frac{12}{10} = \frac{120}{100}$

$1{,}26 = \frac{126}{100}$

$\frac{5}{4} = \frac{125}{100}$

Aufgabe 2

$22 - 10 \cdot \frac{1}{2}$ (Punkt vor Strich)
$= 22 - 5$
$= 17$

$(22 - 10) \cdot \frac{1}{2}$ (Klammer zuerst)
$= 12 \cdot \frac{1}{2}$
$= 6$

Im ersten Term muss „Punkt vor Strich" beachtet werden, während im zweiten Term zuerst die Klammer berechnet werden muss.

Aufgabe 3

Von 0 bis 1 sind es 24 Kästchen. Also entspricht jedes Kästchen $\frac{1}{24}$.

(A) $\frac{6}{24} = \frac{1}{4} = 0{,}25$

(B) $\frac{9}{24} = \frac{3}{8} = \frac{375}{1000} = 0{,}375$

(C) $\frac{12}{24} = \frac{1}{2} = 0{,}5$

(D) $\frac{18}{24} = \frac{3}{4} = 0{,}75$

Aufgabe 4

$\frac{6}{5} : \frac{3}{4} - \frac{4}{3} \cdot \frac{3}{5}$

$= \frac{6}{5} \cdot \frac{4}{3} - \frac{12}{15}$

$= \frac{24}{15} - \frac{12}{15}$

$= \frac{12}{15}$

$= \frac{4}{5}$

Aufgabe 5

a) $2{,}3 \cdot 10^3$ $6{,}8 \cdot 10^5$ $9{,}1 \cdot 10^8$

b) 46 000 72 000 000 8 100 000

2. Mit Prozenten und Zinsen umgehen

Aufgabe 1

a) $W = \frac{G \cdot p}{100}$ $\Rightarrow$ $W = \frac{240\,€ \cdot 2{,}5}{100}$
$W = 6\,€$

b) $p = \frac{W \cdot 100}{G}$ $\Rightarrow$ $p = \frac{120\,l \cdot 100}{800\,l}$
$p = 15$

c) $G = \frac{W \cdot 100}{p}$ $\Rightarrow$ $G = \frac{45\,m^2 \cdot 100}{3}$
$G = 1500\,m^2$

Aufgabe 2

25 % Preisnachlass bedeutet, dass das Fahrrad jetzt noch 75 % des ursprünglichen Preises kostet.

$$\begin{aligned} &75\,\% \triangleq 375\,€ \quad (:3)\\ &25\,\% \triangleq 125\,€ \quad (\cdot 4)\\ &100\,\% \triangleq 500\,€ \end{aligned}$$

Vor dem Preisnachlass kostete das Fahrrad 500 €.

Aufgabe 3

a) $Z = \frac{K \cdot p \cdot m}{100 \cdot 12}$ $\Rightarrow$ $Z = \frac{4000\,€ \cdot 2{,}8 \cdot 4}{100 \cdot 12}$
$Z = 37{,}33\,€$

b) $Z = \frac{K \cdot p \cdot i}{100}$ $\Rightarrow$ $Z = \frac{12\,500\,€ \cdot 3{,}2 \cdot 1}{100}$
$Z = 400\,€$

c) $Z = \frac{K \cdot p \cdot t}{100 \cdot 360}$ $\Rightarrow$ $Z = \frac{8600\,€ \cdot 3{,}5 \cdot 178}{100 \cdot 360}$
$Z = 148{,}83\,€$

Aufgabe 4

1. Schritt:
Berechnung des Gesamtpreises bei Händler A:

$30\ \%$ von $7250\ € = \frac{30}{100} \cdot 7250\ € = 2175\ €$

18 Monatsraten zu je $300\ € = 18 \cdot 300\ € = 5400\ €$

Gesamtkosten Händler A:

$$\begin{array}{r} 2175\ € \\ +\ 5400\ € \\ \hline 7575\ € \end{array}$$

2. Schritt:
Berechnung des Gesamtpreises bei Händler B:

$40\ \%$ von $7250\ € = \frac{40}{100} \cdot 7250\ € = 2900\ €$

24 Monatsraten zu je $190\ € = 24 \cdot 190\ € = 4560\ €$

Gesamtkosten Händler B:

$$\begin{array}{r} 2900\ € \\ +\ 4560\ € \\ \hline 7460\ € \end{array}$$

3. Schritt:
Berechnung der Preisdifferenz:

$7575\ € - 7460\ € = 115\ €$

Bojan sollte sich für den Händler B entscheiden, weil das Angebot 115 € preiswerter ist.

Aufgabe 5

Jahr	Kapital zu Jahresbeginn in €	Zinsen in € ($Z = K \cdot p\ \%$)	Kapital am Jahresende in €
1	43 500	43 500 · 0,011 = 478,50	43 978,50
2	43 978,50	43 978,50 · 0,011 = 483,76	44 462,26
3	44 462,26	44 462,26 · 0,011 = 489,08	44 951,34
4	44 951,34	44 951,34 · 0,011 = 494,46	45 445,80

Evas Endkapital nach 4 Jahren beträgt 45 445,80 €.

3. Mit Termen umgehen, die auch Variablen enthalten

Aufgabe 1

Für $x = -2$: $(2 \cdot (-2) + 1) \cdot (8 - (-2)) = (-4 + 1) \cdot (8 + 2) = (-3) \cdot 10 = -30$
Für $x = 0$: $(2 \cdot 0 + 1) \cdot (8 - 0) = 1 \cdot 8 = 8$
Für $x = 0{,}5$: $(2 \cdot 0{,}5 + 1) \cdot (8 - 0{,}5) = (1 + 1) \cdot 7{,}5 = 2 \cdot 7{,}5 = 15$

Aufgabe 2

a) $(x - 3) \cdot 4$

b) $(27 - 3) \cdot 4 = 24 \cdot 4 = 96$

Die Einnahmen der Lehrerin betragen 96 €.

Aufgabe 3

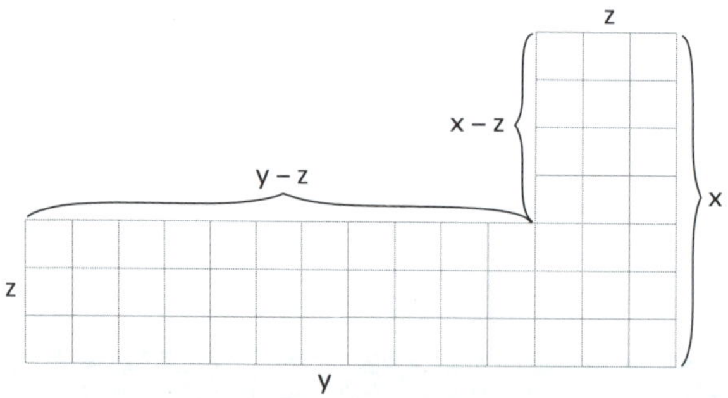

Umfang $= z + y + x + z + (x - z) + (y - z)$
$= 2z - 2z + 2x + 2y$
$= 2x + 2y$

Aufgabe 4

a) $u = 2 \cdot (4a - 2) + 2a$
$= 8a - 4 + 2a$
$= 10a - 4$

b) $u = 10 \cdot 2{,}5 - 4$
$u = 25 - 4 = 21$

Der Umfang des Rechtecks beträgt 21 cm.

Aufgabe 5

$6x \cdot 3 - (-2 + 4x) + 5$

$= 18x + 2 - 4x + 5$

$= 14x + 7$

4. Mit Wurzeln umgehen

Aufgabe 1

a) Da $8^2 = 64$ und $9^2 = 81$ gilt, muss $\sqrt{68}$ zwischen den Zahlen 8 und 9 liegen.

b) $s^2 = 68$
$s = \sqrt{68} = 8{,}25$

Das Quadrat hat die Seitenlänge 8,25 m.

Aufgabe 2

$k^3 = 91$
$k = \sqrt[3]{91}$
$k \approx 4{,}5$

Die Kantenlänge des Würfels beträgt etwa 4,5 cm.

Aufgabe 3

☒ die Zahl 64

Aufgabe 4

a) $V = a \cdot a \cdot a = a^3$
$1561 = a^3 \quad | \sqrt[3]{}$
$a = \sqrt[3]{1561}$
$a = 11{,}6$

Die Kantenlänge beträgt 11,6 m.

b) $O = 6 \cdot a^2$
$O = 6 \cdot (11{,}6)^2$
$O = 807{,}4$

Der Oberflächeninhalt beträgt 807,4 m^2.

Aufgabe 5

$O = 6 \cdot a^2$
$96 = 6 \cdot a^2 \quad | :6$
$16 = a^2 \quad | \sqrt{}$
$a = 4$

Die Kantenlänge beträgt 4 cm.

5. Gleichungen lösen

Aufgabe 1

$$
\begin{aligned}
-(x + 7) + 3x &= 4x - 3 && \text{| Klammern auflösen}\\
-x - 7 + 3x &= 4x - 3 && \text{| zusammenfassen}\\
2x - 7 &= 4x - 3 && \text{| } - 4x\\
-2x - 7 &= -3 && \text{| } + 7\\
-2x &= 4 && \text{| } : (-2)\\
x &= -2
\end{aligned}
$$

Aufgabe 2

$$
\begin{aligned}
6 \cdot (3x - 7) - 12 - 4x &= 9x - (7x + 6) && \text{| Klammern auflösen}\\
18x - 42 - 12 - 4x &= 9x - 7x - 6 && \text{| zusammenfassen}\\
14x - 54 &= 2x - 6 && \text{| } + 54 - 2x\\
12x &= 48 && \text{| } : 12\\
x &= 4
\end{aligned}
$$

Aufgabe 3

Gedachte Zahl = x

$$
\begin{aligned}
x \cdot 5 + 6 &= 7 \cdot x\\
5x + 6 &= 7x && \text{| } - 5x\\
6 &= 2x && \text{| } : 2\\
3 &= x
\end{aligned}
$$

Die gedachte Zahl muss 3 sein.

Aufgabe 4

$$
\begin{aligned}
x \cdot 5 + 4 + 3x &= 84 - 2x\\
\underline{9x} + 3x &= 84 - 2x
\end{aligned}
$$

Es muss heißen:

$$
\begin{aligned}
5x + 4 + 3x &= 84 - 2x\\
8x + 4 &= 84 - 2x && \text{| } + 2x\\
10x + 4 &= 84 && \text{| } - 4\\
10x &= 80 && \text{| } : 10\\
x &= 8
\end{aligned}
$$

Aufgabe 5

x = Wassermenge (in Litern) in einer Mineralwasserflasche

$$
\begin{aligned}
3 \cdot 1{,}5 + 4 \cdot 1 + 5x &= 12\\
4{,}5 + 4 + 5x &= 12 && \text{| zusammenfassen}\\
8{,}5 + 5x &= 12 && \text{| } - 8{,}5\\
5x &= 3{,}5 && \text{| } : 5\\
x &= 0{,}7
\end{aligned}
$$

In einer Mineralwasserflasche befinden sich 0,7 Liter Wasser.

Leitidee Messen

Aufgabe 1

Man kann den Pfeil in ein Trapez (links) und ein Dreieck (rechts) zerlegen.

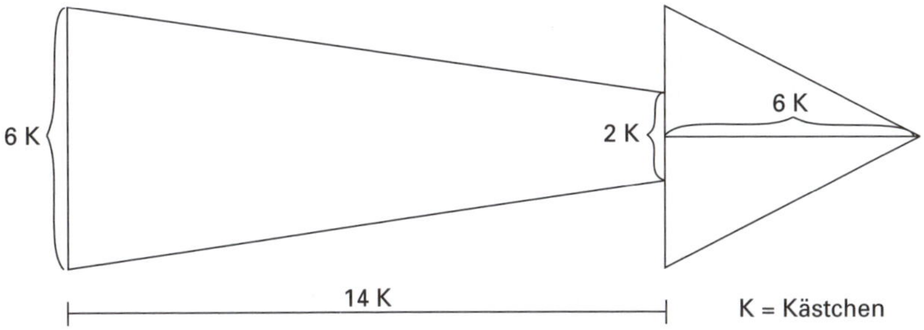

1. Schritt:
Berechnung des Flächeninhalts des Trapezes:

6 Kästchen = 6 · 20 cm ≙ 120 cm
2 Kästchen = 2 · 20 cm ≙ 40 cm
14 Kästchen = 14 · 20 cm ≙ 280 cm

$$A_T = \frac{a+b}{2} \cdot h = \frac{120+40}{2} \cdot 280$$
$$= \frac{160}{2} \cdot 280$$
$$= 80 \cdot 280$$
$$= 22\,400$$

Das Trapez hat den Flächeninhalt 22 400 cm^2 = 2,24 m^2.

2. Schritt:
Berechnung des Flächeninhalts des Dreiecks:

$$A_D = \frac{g \cdot h}{2} = \frac{120 \cdot 120}{2}$$
$$= 7200$$

Das Dreieck hat den Flächeninhalt 7200 cm^2 = 0,72 m^2.

Gesamtflächeninhalt des Pfeils:
2,24 m^2 + 0,72 m^2 = 2,96 m^2

Aufgabe 2

Das Rechteck hat den Flächeninhalt $A_R = a \cdot b = 20 \text{ m} \cdot 8 \text{ m} = 160 \text{ m}^2$.

Der Pfad hat die Form eines Parallelogramms mit der Grundseite $x = 1{,}50$ m und der Höhe $b = 8$ m.
Der Flächeninhalt A_P dieses Parallelogramms berechnet sich wie folgt:
$A_P = 1{,}50 \text{ m} \cdot 8 \text{ m} = 12 \text{ m}^2$
Damit ist der Flächeninhalt F der mit Rasen bedeckten Fläche
$F = A_R - A_P = 160 \text{ m}^2 - 12 \text{ m}^2 = 148 \text{ m}^2$.

Aufgabe 3

In der Zeichnung befinden sich ein großer Kreis mit Radius 4,5 m (= 1,7 m + 2,8 m) und ein kleiner Kreis mit Radius 1,7 m.
Der Flächeninhalt der zu teerenden Fahrbahn berechnet sich wie folgt:

$A_{\text{großer Kreis}} - A_{\text{kleiner Kreis}}$
$= \pi \cdot (4{,}5)^2 - \pi \cdot (1{,}7)^2$
$= 3{,}14 \cdot 20{,}25 - 3{,}14 \cdot 2{,}89$
$= 54{,}5104$

Die zu teerende Fahrbahn hat den Flächeninhalt 54,5 m^2.

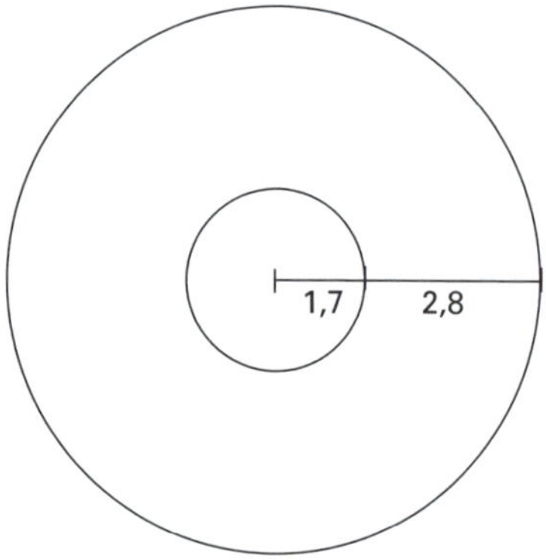

Aufgabe 4

Es gibt zwei Flächenabschnitte, die mit Rasen bedeckt sind. Eine hat die Form eines Trapezes, die andere hat die Form eines Rechtecks, aus dem ein Kreis (Teich) ausgeschnitten ist.

1. Schritt:
Berechnung des Trapezes:
Parallele Seite 1 = 9 m
Parallele Seite 2 = 19 m – 5 m = 14 m
Höhe = 24 m – 15 m – 1,5 m = 7,5 m

$A_T = \frac{a + b}{2} \cdot h = \frac{9 + 14}{2} \cdot 7{,}5 = 11{,}5 \cdot 7{,}5 = 86{,}25$
Das Trapez hat den Flächeninhalt 86,25 m^2.

2. Schritt:
Berechnung des Rechtecks:
$A_R = a \cdot b$
$= 19 \cdot 15$
$= 285$

Das Rechteck hat den Flächeninhalt 285 m^2.

3. Schritt:
Berechnung des Kreises:
$A_K = \pi \cdot r^2$
$= 3{,}14 \cdot (2{,}5)^2 = 19{,}63$

Der Kreis hat den Flächeninhalt 19,63 m^2.

4. Schritt:
Berechnung der Gesamtfläche, die mit Rasen bedeckt ist:
$A = A_T + A_R - A_K$
$A = 86{,}25 + 285 - 19{,}63$
$A = 351{,}62$

Die Gesamtfläche beträgt etwa 351,6 m^2.

Aufgabe 5

Der Flächeninhalt eines Kreissektors ist ein Sechstel des Flächeninhaltes des gesamten Kreises. Damit gilt:

$$A_{Sektor} = \frac{1}{6} \cdot \pi \cdot r^2$$
$$= \frac{1}{6} \cdot \pi \cdot 18^2$$
$$= 169{,}65$$

Der Flächeninhalt eines Kreissektors beträgt etwa 169,7 m^2.

Aufgabe 6

Mathematisch gesehen ist die Konservendose ein Zylinder. Der Flächeninhalt des Etiketts ist dann die Mantelfläche des Zylinders.

$M_Z = 2 \cdot \pi \cdot r \cdot h$
$M_Z = 2 \cdot 3{,}14 \cdot 3 \cdot 11$
$M_Z = 207{,}24$

Der Flächeninhalt des Etiketts ist etwa 207,2 cm^2.

Aufgabe 7

Volumen des kleinen Würfels $= a \cdot a \cdot a = a^3$

Volumen des großen Würfels $= (3a) \cdot (3a) \cdot (3a)$
$= (3 \cdot 3 \cdot 3) \cdot (a \cdot a \cdot a)$
$= 27 \cdot a^3$

Vergleicht man die beiden Volumina, sieht man, dass das Volumen des größeren Würfels 27-mal so groß ist wie das des kleinen Würfels.

Aufgabe 8

G = Grundfläche

$V_{Würfel} = G \cdot h = G \cdot 4$

$V_{Py1} = \frac{1}{3} \cdot G \cdot h = G \cdot \frac{1}{3} \cdot 4 = G \cdot \frac{4}{3}$

$V_{Py2} = \frac{1}{3} \cdot G \cdot h = G \cdot \frac{1}{3} \cdot 12 = G \cdot \frac{12}{3} = G \cdot 4$

$V_{Py3} = \frac{1}{3} \cdot G \cdot h = G \cdot \frac{1}{3} \cdot 8 = G \cdot \frac{8}{3}$

Die Pyramide 2 hat das gleiche Volumen wie der Würfel.

Aufgabe 9

Der Körper lässt sich in 4 gleich große Würfel teilen.

$V = 4 \cdot V_1$
$V_1 = a^3$
$V_1 = 50^3 = 125\,000$
$V = 4 \cdot 125\,000 = 500\,000$

Das Volumen beträgt 500 000 mm^3.

Die Oberfläche lässt sich auf verschiedenen Wegen berechnen.

I. Möglichkeit

Ein Würfel hat 6 gleich große Flächen. Da die einzelnen Würfel mit ihrem Nachbarn eine Einheit bilden, entfallen die entsprechenden Grenzflächen.

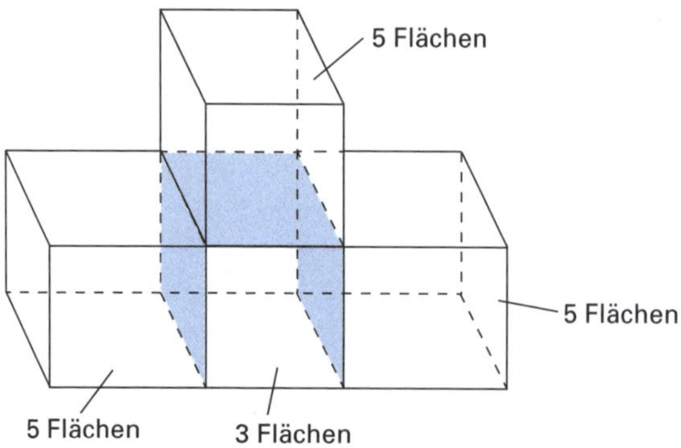

Summe = 5 Fl. + 5 Fl. + 5 Fl. + 3 Fl.
Summe = 18 Fl.

$A = a^2$
$A = 50^2 = 2500$
$O = 18 \cdot A = 18 \cdot 2500$
$O = 45\,000\ mm^2$

II. Möglichkeit

Grundfläche	$= A_1 = 50 \cdot 150$	=	7500
2 x Seitenfläche	$= A_2 = 2 \cdot (50 \cdot 150) + 2\ (50)^2$	=	20 000
4 x Stirnfläche	$= A_3 = 4 \cdot (50)^2$	=	10 000
3 x Deckfläche	$= A_4 = 3 \cdot (50)^2$	=	7500
			45 000

Die Oberfläche beträgt 45 000 mm^2.

Aufgabe 10

$V_P = \frac{1}{3} \cdot G \cdot h$

$V_P = \frac{1}{3} \cdot 5^2 \cdot 10$

$V_P = \frac{1}{3} \cdot 250$

$V_P = 83{,}3$

Das Volumen der Pyramide beträgt 83,3 cm^3.

Leitidee Raum und Form

1. Dreiecke untersuchen

Aufgabe 1

In allen Teilaufgaben wird der Winkelsummensatz für Dreiecke verwendet: $\alpha + \beta + \gamma = 180°$

a) $\gamma = 180° - \alpha - \beta = 180° - 50° - 60° = 70°$

b) $\beta = 180° - \alpha - \gamma = 180° - 120° - 38° = 22°$

c) $\alpha = 180° - \beta - \gamma = 180° - 31° - 90° = 59°$

d) Es handelt sich um ein gleichschenkliges Dreieck mit $\alpha = \beta = 72°$.
Für γ gilt daher: $\gamma = 180° - \alpha - \beta = 180° - 72° - 72° = 36°$

Aufgabe 2

[3] $\alpha = 87°$; c = 7 cm; $\beta = 42°$

[4] a = 6 cm; b = 4 cm; $\alpha = 68°$

[2] $\alpha = 53°$; b = 3 cm; c = 5 cm

[1] a = 4 cm; b = 3 cm; c = 2 cm

Aufgabe 3

Das Dreieck ABC ist rechtwinklig, das Dreieck ADC ist spitzwinklig und das Dreieck DBC ist stumpfwinklig.

Aufgabe 4

Da das Dreieck ABC gleichschenklig ist, gilt $\alpha = \beta$. Nach dem Winkelsummensatz im Dreieck gilt dann:

$\alpha + \beta + 128° = 180°$
$\alpha + \alpha + 128° = 180°$ | zusammenfassen
$2\alpha + 128° = 180°$ | – 128°
$2\alpha = 52°$ | : 2
$\alpha = 26°$

Damit gilt auch: $\beta = 26°$

Aufgabe 5

a) Es gilt: $\alpha + \beta = 91° + 89° = 180°$. Wegen der Winkelsumme im Dreieck müsste für den fehlenden Winkel γ gelten: $\gamma = 0°$. Deshalb kann man aus diesen Angaben kein Dreieck konstruieren.

b) Für die Summe der Seitenlängen von b und c gilt: $b + c = 5\text{ cm} + 3\text{ cm} = 8\text{ cm}$
Die dritte gegebene Seitenlänge ist $a = 9\text{ cm}$. Diese Seitenlänge ist größer als die Summe aus b und c. Deshalb kann man aus diesen Angaben kein Dreieck konstruieren.

2. Vierecke untersuchen

Aufgabe 1

a) Quadrat; Rechteck; Raute; Parallelogramm

b) Quadrat; Raute; Drachenviereck

c) Raute; Parallelogramm; gleichschenkliges Trapez

Aufgabe 2

a) Da im Parallelogramm jeweils gegenüberliegende Winkel gleich groß sind, gilt $\delta = \beta = 63°$ und $\alpha = \gamma$.

$\alpha + \beta + \gamma + \delta = 360°$
$\alpha + 63° + \alpha + 63° = 360°$ | zusammenfassen
$2\alpha + 126° = 360°$ | – 126°
$2\alpha = 234°$ | : 2
$\alpha = 117°$

Damit gilt auch $\gamma = 117°$.

b) Da im gleichschenkligen Trapez jeweils die an den parallelen Seiten anliegenden Winkel gleich groß sind, gilt $\gamma = \delta = 110°$ und $\alpha = \beta$.

$$\alpha + \beta + \gamma + \delta = 360°$$
$$\alpha + \alpha + 110° + 110° = 360°$$
$$2\alpha + 220° = 360° \quad | -220°$$
$$2\alpha = 140° \quad | :2$$
$$\alpha = 70°$$

Damit gilt auch $\beta = 70°$.

3. Ortslinien konstruieren

Aufgabe 1

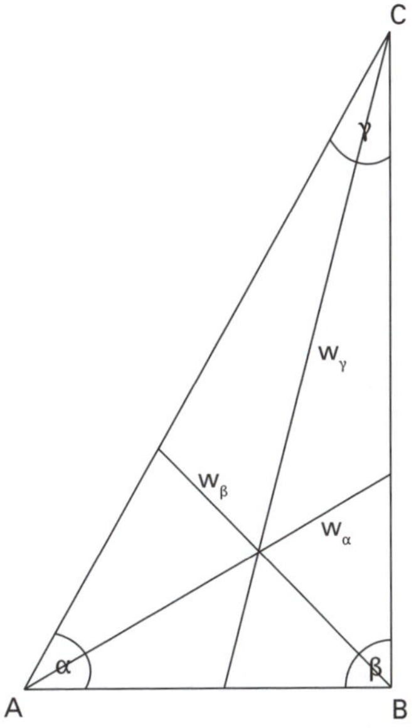

Beobachtung: Die drei Winkelhalbierenden schneiden sich in einem Punkt innerhalb des Dreiecks.

Aufgabe 2

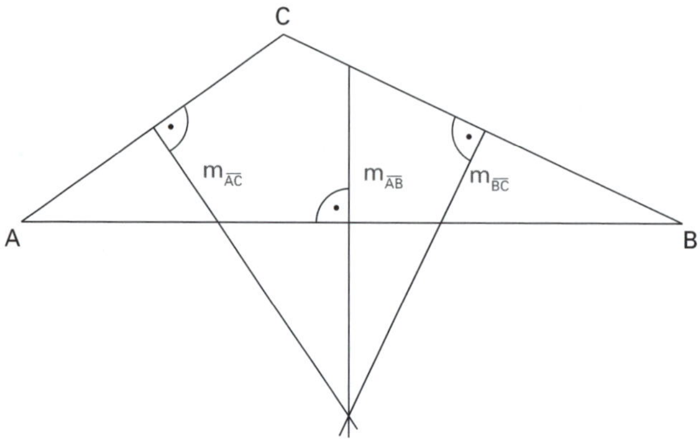

Beobachtung: Die drei Mittelsenkrechten schneiden sich in einem Punkt außerhalb des Dreiecks.

Aufgabe 3

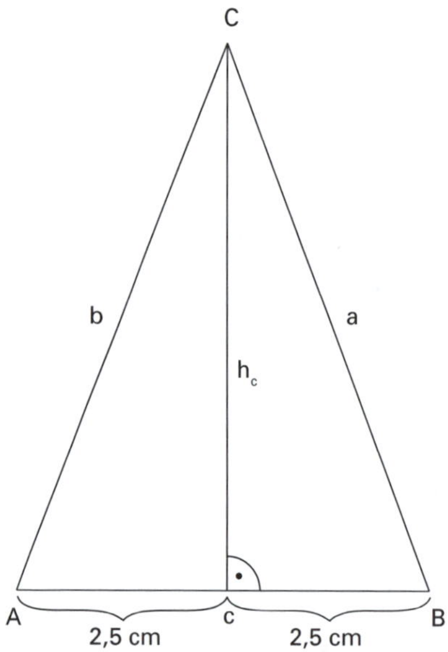

Die Teilstrecken sind jeweils 2,5 cm lang. Das ist die Hälfte der Gesamtstrecke $\overline{AB}$.
Dies bedeutet, dass die Höhe h_c in diesem Dreieck die Seite c halbiert.

4. Körper zeichnerisch darstellen

Aufgabe 1

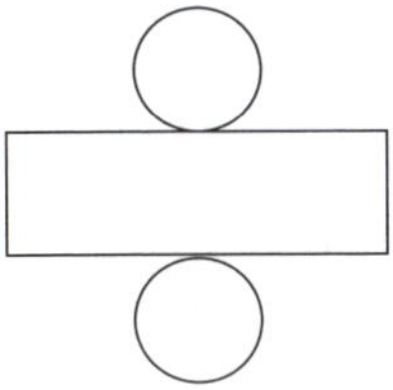

Zylinder

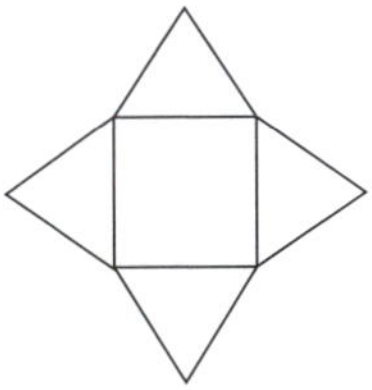

Pyramide

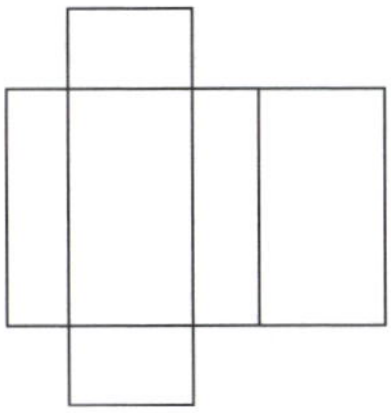

Quader

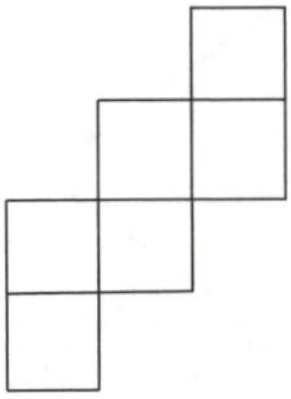

Würfel

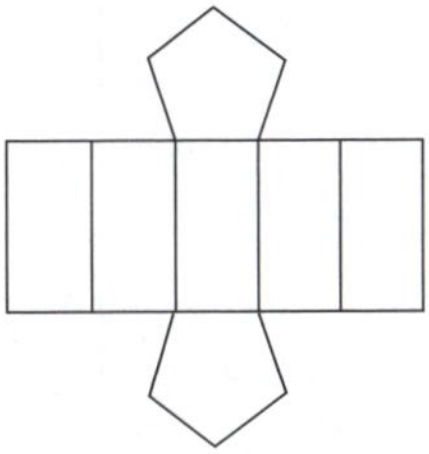

Fünfecksprisma

Aufgabe 2

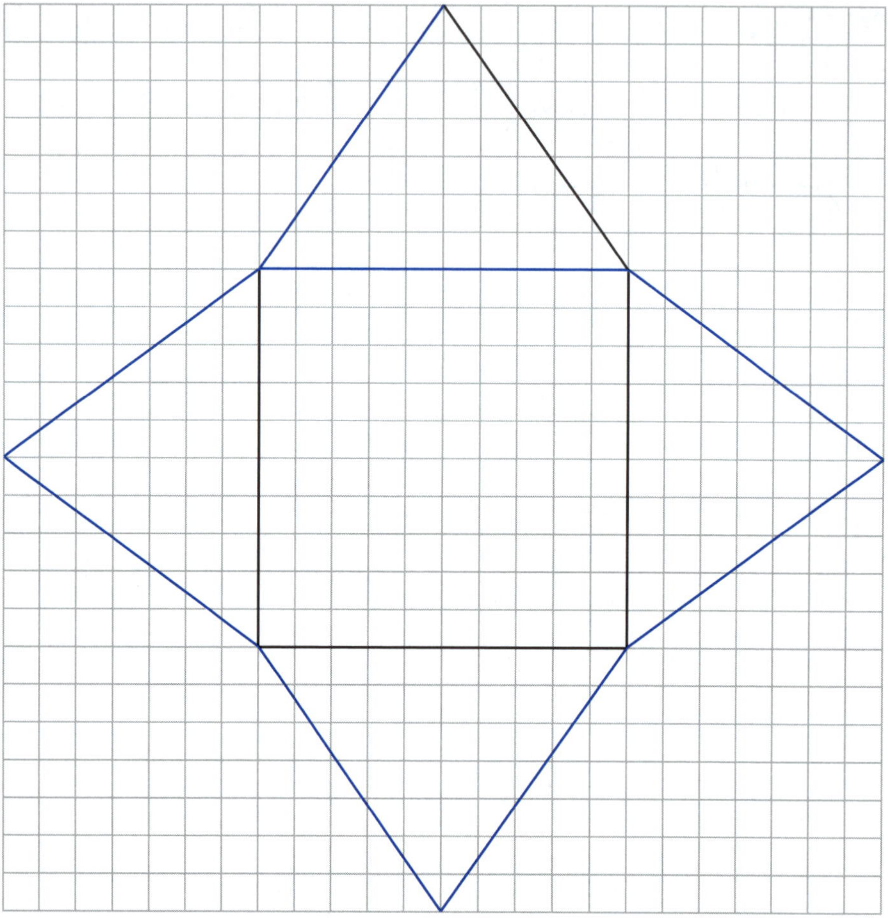

5. Den Satz des Pythagoras anwenden

Aufgabe 1

a) Überprüfung mit dem Satz des Pythagoras:
(1) $a^2 + b^2 = 5^2 + 12^2$
$= 25 + 144$
$= 169$
(2) $c^2 = 13^2 = 169$
(3) Also gilt für dieses Dreieck: $a^2 + b^2 = c^2$. Damit ist das Dreieck rechtwinklig.

b) Überprüfung mit dem Satz des Pythagoras:
(1) $a^2 + b^2 = 1^2 + 2^2$
$= 1 + 4$
$= 5$
(2) $c^2 = 3^2 = 9$
(3) Da für dieses Dreieck: $a^2 + b^2 \neq c^2$ gilt, ist es nicht rechtwinklig.

Aufgabe 2

a) $s^2 + r^2 = t^2$ b) $v^2 + w^2 = u^2$ c) $c^2 + b^2 = a^2$

d) $z^2 + x^2 = y^2$ e) $a^2 + c^2 = b^2$

Aufgabe 3

Das Dreieck ABC wird durch die Höhe h_c in zwei rechtwinklige Teildreiecke zerlegt.

Berechnung von h_c:
$h_c^2 + 3^2 = 4{,}2^2$
$h_c^2 + 9 = 17{,}6 \quad | -9$
$h_c^2 = 8{,}6 \quad | \sqrt{}$
$h_c = \sqrt{8{,}6}$
$h_c = 2{,}93$ cm

Berechnung von b:
$h_c^2 + 1^2 = b^2$
$2{,}93^2 + 1 = b^2$
$b^2 = 9{,}58 \quad | \sqrt{}$
$b = \sqrt{9{,}58}$
$b = 3{,}1$ cm

Aufgabe 4

Schritt 1: Berechnung der Flächendiagonale f:

$a^2 + b^2 = f^2$

$f^2 = 10^2 + 5^2$
$f^2 = 125 \quad | \sqrt{}$
$f = \sqrt{125}$
$f = 11{,}18$ cm

Schritt 2: Berechnung der Raumdiagonale e:

$f^2 + c^2 = e^2$

$e^2 = 11{,}18^2 + 6^2 \quad | \sqrt{}$
$e = \sqrt{11{,}18^2 + 6^2}$
$e = 12{,}69$ cm

Die Raumdiagonale e ist etwa 12,7 cm lang.

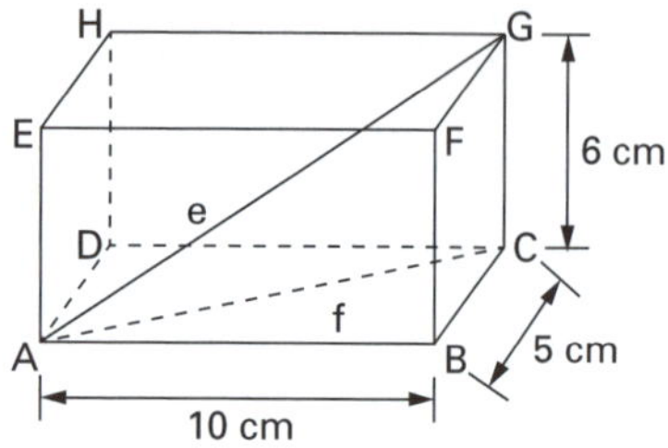

Aufgabe 5

Schritt 1: Berechnung der Höhe des Fernsehers:

Gegeben: a = 78,9 cm, d = 94 cm

Gesucht: h

$a^2 + h^2 = d^2 \Rightarrow h^2 = d^2 - a^2$

$h^2 = 94^2 - 78{,}9^2 \quad | \sqrt{}$
$h = \sqrt{94^2 - 78{,}9^2}$
$h = 51{,}1$ cm

Schritt 2: Berechnung des Flächeninhalts des Bildschirms:

$A = a \cdot h$

$A = 78{,}9 \cdot 51{,}1 = 4031{,}79$

Der Flächeninhalt des Bildschirms beträgt etwa 4031,8 cm^2.

Leitidee Funktionaler Zusammenhang

1. Funktionale Zusammenhänge darstellen und nutzen

Aufgabe 1

a) Die wenigsten Bundesbürger/-innen erwerbstätig: 2003 mit 39,24 Mio.
Die meisten Bundesbürger/-innen erwerbstätig: 2019 mit 45,24 Mio.

b) Der Anstieg der Erwerbstätigkeit war mit einer Steigerung von über einer Million von 2015 (43,12 Mio.) auf 2017 (44,25 Mio.) am stärksten.

c) Im Jahr 2019 waren 45,24 Mio. Menschen in Deutschland erwerbstätig. 4,5 % davon waren verbeamtet.

I. Möglichkeit

Dreisatz:

$$100\ \% \triangleq 45{,}24\text{ Mio.}$$

$$1\ \% \triangleq \frac{45{,}24\text{ Mio.}}{100}$$

$$4{,}5\ \% \triangleq \frac{45{,}24\text{ Mio.} \cdot 4{,}5}{100}$$

$$\approx 2{,}04\text{ Mio.}$$

II. Möglichkeit

Formel:

GW = 45,24 Mio., p = 4,5 %

$$PW = \frac{GW \cdot p}{100}$$

$$PW = \frac{45{,}24\text{ Mio.} \cdot 4{,}5}{100}$$

$$PW = 2{,}04$$

Im Jahr 2019 waren etwa 2,04 Mio. Bundesbürger/-innen als Beamtinnen und Beamte tätig.

d) Die Addition der Prozentwerte müsste eigentlich 100 % ergeben.
75,5 % + 10,5 % + 9,4 % + 4,5 % = 99,9 %
Da es sich um gerundete Werte handelt, um den Graph übersichtlich zu halten, kann es sein, dass die Summe nicht genau 100 % ergibt.

Aufgabe 2

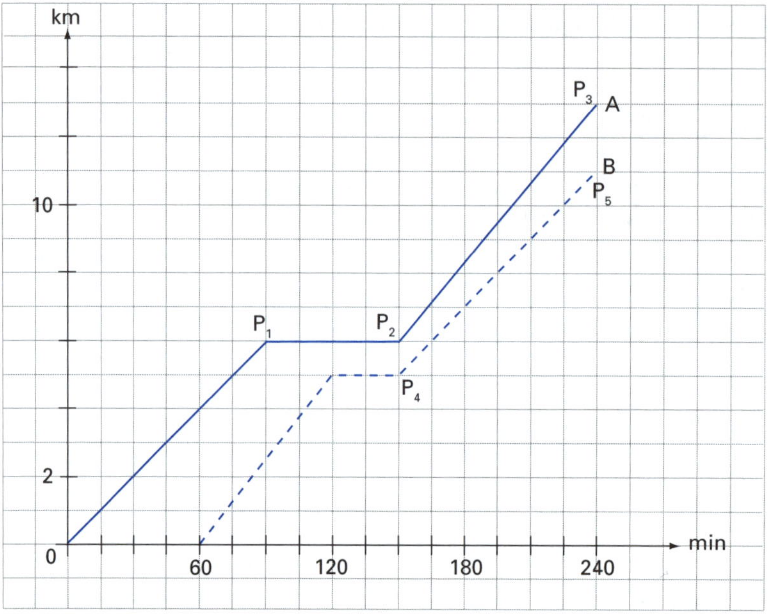

a) A ist 13 km gelaufen, B ist 11 km gelaufen.

b) Pause von A: 1 Stunde
Pause von B: $\frac{1}{2}$ Stunde

c) A ist 4 Stunden unterwegs, B ist 3 Stunden unterwegs.

d) Laufzeit von A: 3 Stunden
Laufzeit von B: $2\frac{1}{2}$ Stunden

Aufgabe 3

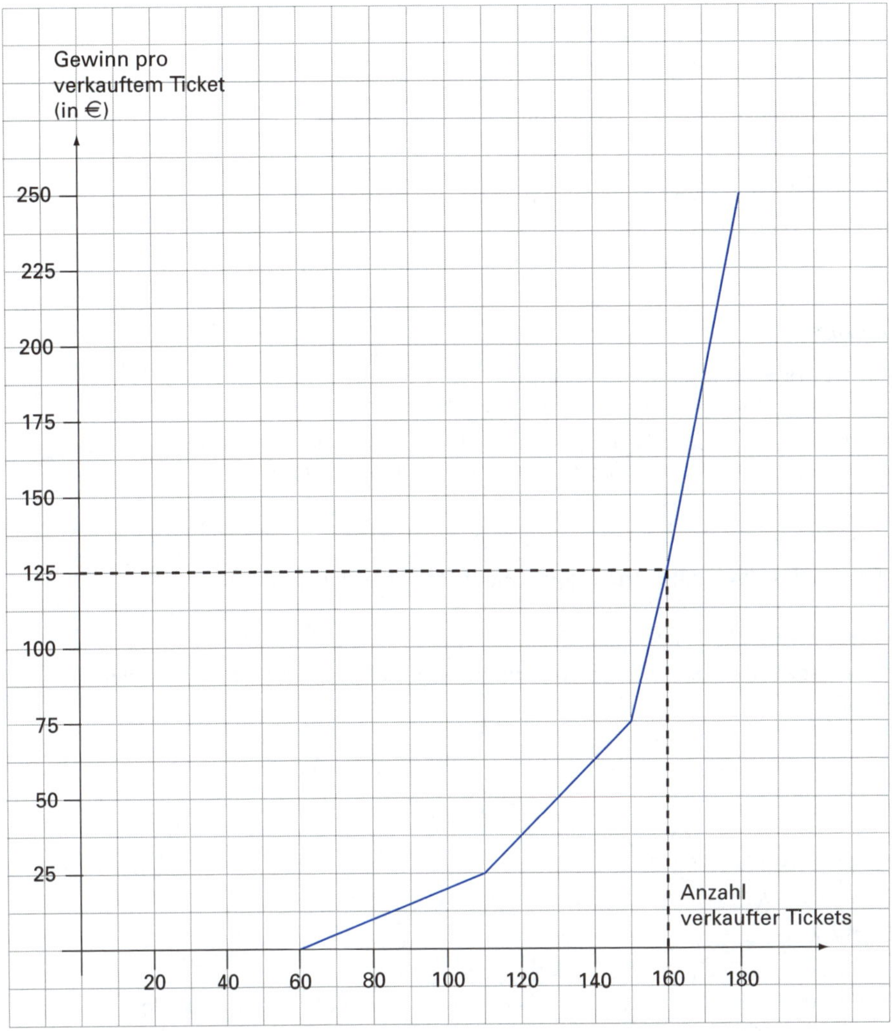

a) Wie man den gestrichelten Linien entnehmen kann, muss die Fluggesellschaft 160 Tickets verkaufen, um 125 € pro Ticket zu erwirtschaften.

b) Der Graph zeigt, dass nach dem 60. verkauften Ticket ein Gewinn erwirtschaftet wird. Die Fluggesellschaft sollte also mindestens 61 Tickets verkaufen, um überhaupt in die Gewinnzone zu gelangen.

Aufgabe 4

Zu Vase [A] gehört Graph ③, weil sich die Vase zu Beginn nur langsam füllt, dann aber stetig schneller, weil sie oben immer enger wird.

Zu Vase [B] gehört Graph ①. Hier steigt die Füllhöhe immer langsamer.

Zu Vase [C] gehört Graph ②, weil sich die Vase erst langsam füllt, dann aber immer schneller bis zur Mitte der Vase, wo sie am engsten ist. Danach füllt sich die Vase wieder zunehmend langsamer, weil sie oben erneut breiter wird.

Aufgabe 5

Allgemein gilt bei einem Zeit-Weg-Diagramm:
Je schneller eine Bewegung, desto steiler steigt der Graph.

Da Triathleten schneller Rad fahren als laufen, aber auch schneller laufen als schwimmen können, entspricht Schaubild C am besten einem wirklichen Triathlon.

2. Proportionalität und Antiproportionalität erkennen und nutzen

Aufgabe 1

Um die beiden Angebote zu vergleichen, muss man jeweils den Preis für 1 kg berechnen.

Angebot A

: 3 (3 kg ≙ 4,50 €) : 3
1 kg ≙ 1,50 €

Angebot B

: 10 (10 kg ≙ 12,00 €) : 10
1 kg ≙ 1,20 €

Angebot B ist günstiger (pro kg).

Aufgabe 2

Ein Gewinner bekommt den gesamten Betrag von 3000 €.
Die fehlenden Angaben berechnet man mithilfe einer antiproportionalen Zuordnung:

: 2 (300 € ≙ 10 Gewinnern) · 2 (laut Tabelle)
150 € ≙ 20 Gewinnern

Im Juni war die Anzahl an Gewinnern 20.

· 10 (300 € ≙ 10 Gewinnern) : 10
3000 € ≙ 1 Gewinner

Im März bekam der (einzige) Gewinner 3000 €.

Training

Aufgabe 3

Je mehr kg Teig vorhanden sind, umso mehr Pfannkuchen kann man backen. Also liegt eine proportionale Zuordnung (Quotientengleichheit) vor.

Zuordnungstabelle oder **Quotientengleichheit**

	kg Teig	Anzahl Pfannkuchen	
	1,5	24	
: 3	0,5	8	: 3
· 9	4,5	72	· 9

$$\frac{1{,}5}{24} = \frac{4{,}5}{x}$$
$$\frac{24}{1{,}5} = \frac{x}{4{,}5}$$
$$\frac{24 \cdot 4{,}5}{1{,}5} = x$$
$$\frac{108}{1{,}5} = x$$
$$72 = x$$

Er erhält 72 Stück Pfannkuchen.

Aufgabe 4

3 · 0,77 € + 2 · 0,69 €
= 2,31 € + 1,38 €
= 3,69 €

Louis muss 3,69 € bezahlen, gibt aber einen 5-Euro-Schein: 5,00 € – 3,69 € = 1,31 €

Louis bekommt 1,31 € Wechselgeld zurück.

Aufgabe 5

Hier liegt eine antiproportionale Beziehung vor, weil die Zahl der Arbeitsstunden umso kleiner wird, je höher die Anzahl der Holzfäller ist.

	5 Holzfäller ≙ 15 Stunden	
: 5	1 Holzfäller ≙ 75 Stunden	· 5
· 3	3 Holzfäller ≙ 25 Stunden	: 3

Drei Holzfäller würden 25 Stunden brauchen.

Leitidee Daten und Zufall

1. Daten erfassen, darstellen, aus- und bewerten

Aufgabe 1

a) Berechnung der 3 Mittelwerte:

Lina: $\frac{80 + 87 + 84}{3} = 83{,}7$

Janine: $\frac{73 + 95 + 81}{3} = 83$

Kyra: $\frac{80 + 92 + 81}{3} = 84{,}3$

b) Da Kyra den höchsten Mittelwert (siehe a)) erzielt hat, lautet der Satz für Kyra etwa so:

Kyra ist **im Durchschnitt über die Jahre 2017, 2018 und 2019** die erfolgreichste Teilnehmerin.

Für Janine und Lina kann man sich nur auf das jeweils beste Einzeljahr beziehen:

- Janine war **im Jahr 2018** die erfolgreichste Teilnehmerin.
- Lina war **im Jahr 2019** die erfolgreichste Teilnehmerin.

Aufgabe 2

Wählt man 0,1 t als Einheit pro Kästchen auf der y-Achse, so braucht man 35 Kästchen. Dies ist zwar möglich, erzeugt aber ein sehr großes Schaubild. Sinnvoller ist es, 0,2 t als Einheit pro Kästchen zu wählen.

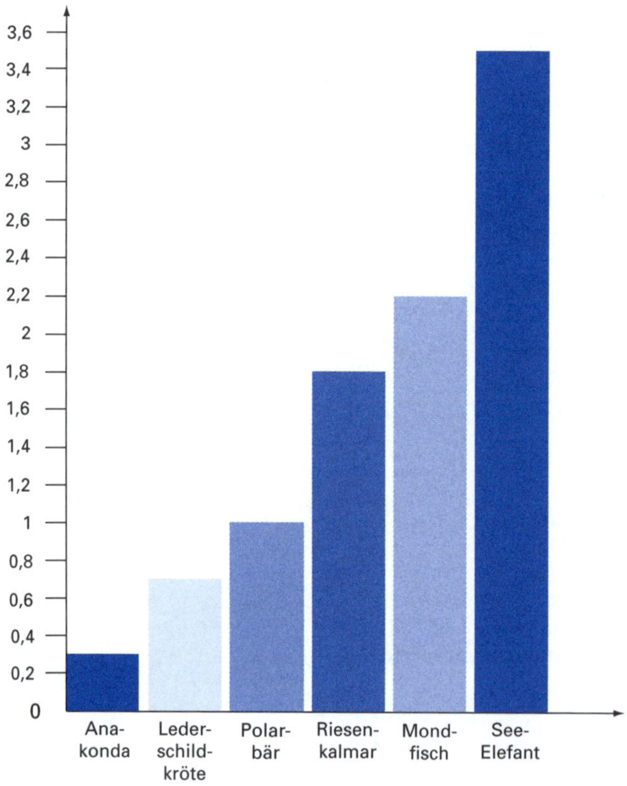

Aufgabe 3

a) Da alle Fächer zusammen 100 % ergeben, berechnet man den Prozentsatz für die sonstigen Fächer so:

100 % – 12 % – 15 % – 10 % – 40 % = 23 %

Gradzahlen für das Kreisdiagramm:

Mathe:	12 % von 360° = 0,12 · 360° = 43,2° ≈ 43°
Englisch:	15 % von 360° = 0,15 · 360° = 54°
Deutsch:	10 % von 360° = 0,1 · 360° = 36°
Sport:	40 % von 360° = 0,4 · 360° = 144°
Sonstige:	23 % von 360° = 0,23 · 360° = 82,8° ≈ 83°

Kreisdiagramm

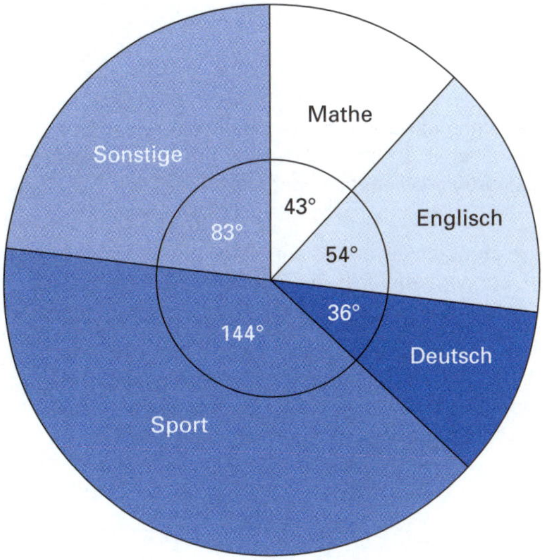

b) 40 % von 6000 = 0,4 · 6000 = 2400

Aufgabe 4

a) Arithmetisches Mittel:

$$\frac{85 + 25 + 50 + 15\,000 + 35 + 20 + 95 + 35 + 55 + 220}{10}$$

= 1562 €

Zentralwert (= Median):
Zur Bestimmung des Zentralwertes müssen die Daten der Größe nach geordnet werden.

20 25 35 35 50 ↓ 55 85 95 220 15 000

Zentralwert

Da insgesamt 10 Daten vorliegen, liegt der Zentralwert zwischen dem 5. und 6. Datenwert. Dabei bildet man das arithmetische Mittel dieser beiden Datenwerte:

Zentralwert = $\frac{50 + 55}{2} = \frac{105}{2}$ = 52,50 €

b) Mögliche Gründe:

1. Der „Ausreißer" 15 000 zieht das arithmetische Mittel extrem in die Höhe. Damit liegt der Durchschnitt von 1562 € viel höher als 9 von 10 Datenwerten. Das arithmetische Mittel ist also nicht sehr aussagekräftig, was die überwiegende Anzahl der Datenwerte betrifft. Der Durchschnitt „verfälscht" hier zu sehr die tatsächlichen Daten.
2. Da die Journalistin nur Verluste in ihre Statistik einbezieht, mögliche Gewinne anderer Casinobesucher jedoch ignoriert, entsteht ebenfalls ein übertriebenes Bild über die „durchschnittlichen" Verluste der Casinobesucher.
3. Es ist statistisch sehr fragwürdig, ob eine kleine Datenmenge von nur 10 Werten überhaupt eine verallgemeinernde Schlussfolgerung über „alle" Casinobesucher zulässt. Um allgemeinere Aussagen über durchschnittliche Gewinne oder Verluste zu treffen, müsste man wesentlich mehr Casinobesucher befragen.

Aufgabe 5

Summe aller Prozentwerte:
20 % + 25 % + 35 % + 20 % + 5 % = 105 %

Katja hat 5 % zu viel gezeichnet. Es kann bei dieser Fragestellung aber nicht entschieden werden, bei welcher Altersgruppe der Fehler liegt.

2. Wahrscheinlichkeiten verstehen und berechnen

Aufgabe 1

Von 10 Kugeln sind 3 Primzahlen (13, 17, 19) in der Schale.

$\Rightarrow$ P(Primzahl) $= \frac{3}{10} = 0{,}3 = 30\ \%$

Merke: Primzahlen haben nur zwei Teiler.
P = {2; 3; 5; 7; 11; 13; ...}

Aufgabe 2

a) Mögliche Ergebnisse (Kopf = K; Zahl = Z):
KK KZ ZK ZZ
„Günstiges" Ergebnis für „zweimal Zahl":
ZZ

Damit gilt:
P(„zweimal Zahl") $= \frac{1}{4} = 25\ \%$

b) Anzahl aller Möglichkeiten: 5 Hemden
Anzahl der „günstigen" Ergebnisse: 2 (kurzärmlige) Hemden
P(kurzärmlig) $= \frac{2}{5} = \frac{4}{10} = \frac{40}{100} = 40\ \%$

Der Vergleich von (a) und (b) ergibt, dass (b) wahrscheinlicher ist.

Aufgabe 3

Bei allen Zahlenbrettern gilt:

$$P(E) = \frac{\text{Anzahl der günstigen Ergebnisse}}{\text{Anzahl der möglichen Ergebnisse}}$$

Zahlenbrett 1
9 Zahlen
3-mal die „1"

$P(E) = \frac{3}{9}$

$P(E) = \frac{1}{3}$

Zahlenbrett 2
24 Zahlen
8-mal die „1"

$P(E) = \frac{8}{24}$

$P(E) = \frac{1}{3}$

Zahlenbrett 3
6 Zahlen
2-mal die „1"

$P(E) = \frac{2}{6}$

$P(E) = \frac{1}{3}$

$\Rightarrow$ Die Gewinnchancen sind bei allen drei Zahlenbrettern gleich.

Aufgabe 4

① → Ⓑ Von 6 möglichen Zahlen gibt es 3 gerade Zahlen.
$\Rightarrow$ $P(E) = \frac{3}{6} = \frac{1}{2}$ („zweifelhaft")

② → Ⓒ Die Summe von 3 Zahlen kann höchstens 9 ergeben.
$\Rightarrow$ $P(E) = 0$ („unmöglich")

③ → Ⓔ Von 5 Kugeln sind 3 Kugeln schwarz.
$\Rightarrow$ $P(E) = \frac{3}{5}$ $\Rightarrow$ $P(E) = 0{,}6$ („wahrscheinlich")

④ → Ⓓ Von 6 möglichen Zahlen sind 2 richtig, die 1 und die 6.
$\Rightarrow$ $P(E) = \frac{2}{6} = \frac{1}{3}$ $\Rightarrow$ $P(E) = 33\ \%$ („unwahrscheinlich")

⑤ → Ⓐ Es gibt nur zwei Möglichkeiten, die beide richtig sind.
$\Rightarrow$ $P(E) = 1$ („sicher")

Aufgabe 5

Ein Skatspiel besteht aus 32 Karten zu jeweils 8 Kreuz-, 8 Pik-, 8 Herz- und 8 Karo-Karten. Die Bild-Karten (Bube, Dame, König) sind jeweils 4-mal, die Ass-Karten 4-mal und jede der Zahlen-Karten (7, 8, 9, 10) 4-mal vertreten.

a) Es gibt 8 Herz-Karten.

Wahrscheinlichkeit $P(E) = \frac{8}{32} = \frac{1}{4}$

$P(E) = 25\ \%$

Die Wahrscheinlichkeit, dass eine Herz-Karte gezogen wird, beträgt 25 %.

b) Im Umkehrschluss (keine Herz-Karte) ist die Wahrscheinlichkeit, **keine** Herz-Karte zu ziehen: 100 % – 25 % = 75 %

c) Bube, Dame und König kommen jeweils 4-mal, also $3 \cdot 4 = 12$-mal, im Spiel vor.

Wahrscheinlichkeit $P(E) = \frac{12}{32} = \frac{3}{8}$

$P(E) = 37{,}5\ \%$

Die Wahrscheinlichkeit, eine Bild-Karte zu ziehen, beträgt 37,5 %.

Hinführung zu den Wahlaufgaben

Wahlaufgabe 1: Stadtbusse

a) Gesucht ist das kleinste gemeinsame Vielfache der Zahlen 10 und 14:

10, 20, 30, 40, 50, 60, $\boxed{70}$, 80, 90, 100 …

14, 28, 42, 56, $\boxed{70}$, 84, 98, 112, 126, 140 …

70 Minuten nach 6:00 Uhr, also um 7:10 Uhr, fahren beide Buslinien laut Fahrplan wieder gemeinsam vom Hauptbahnhof ab.

b) Wissenschaftliche Schreibweise:
$3\,700\,000 = 3{,}7 \cdot 10^6$
$4\,200\,000 = 4{,}2 \cdot 10^6$

Prozentuale Steigerung von 2017 bis 2018:
1. $4\,200\,000 - 3\,700\,000 = 500\,000$
2. $\frac{500\,000}{3\,700\,000} = \frac{5}{37} \approx 0{,}135 = 13{,}5\ \%$

Wahlaufgabe 2: Yellowstone Nationalpark

a) 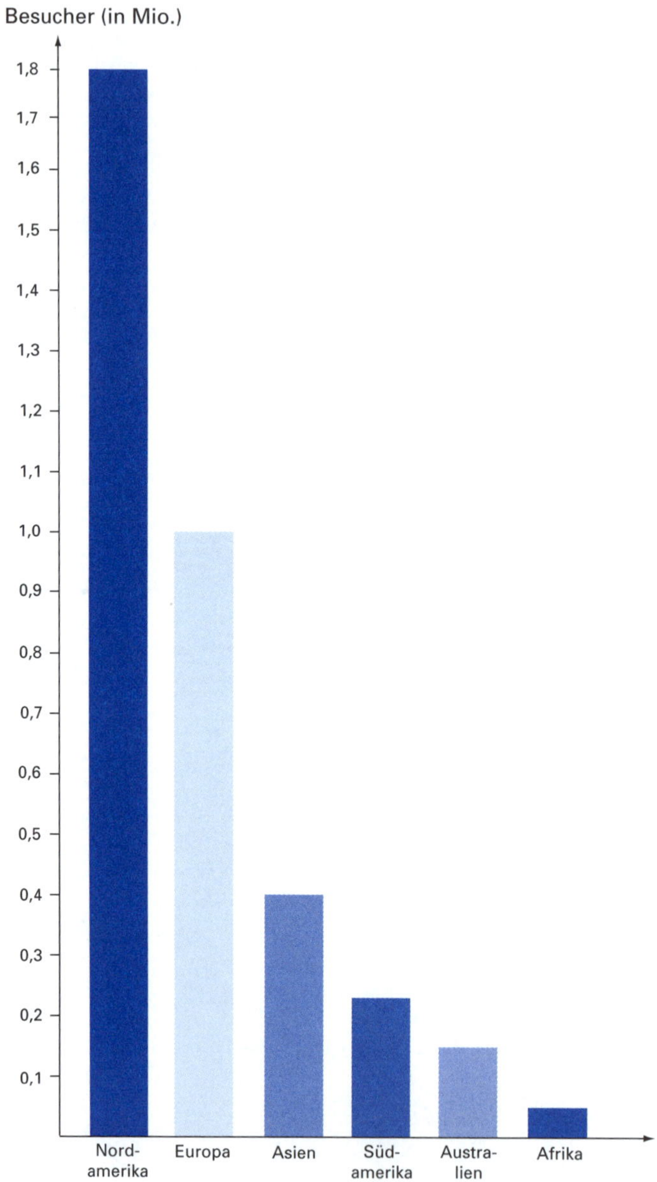

b) 2013 ≙ 100 %
2014 ≙ 110 %

$$\begin{aligned} &: 110 \quad 110\,\% \triangleq 3{,}64 \text{ Mio.} \quad : 110 \\ &1\,\% = 0{,}0331 \text{ Mio.} \\ &\cdot 100 \quad 100\,\% = 3{,}31 \text{ Mio.} \quad \cdot 100 \end{aligned}$$

Im Jahr 2013 verzeichnete der Nationalpark 3,31 Mio. Besucher/-innen.

Wahlaufgabe 3: Schwimmbad

a) Das Becken hat die Form eines Quaders. Also braucht man die Volumenformel eines Quaders. Außerdem muss man die Maße umrechnen. Da 1 l = 1 dm^3 ist, sollten alle Längen in dm umgerechnet werden.

50 m = 500 dm
2 m = 20 dm
8 · 2 m = 16 m = 160 dm

Volumen des Beckens:
V = a · b · c (Länge · Breite · Tiefe)

$$1\,440\,000 = 500 \cdot 160 \cdot c$$
$$1\,440\,000 = 80\,000 \cdot c$$
$$c = \frac{1\,440\,000}{80\,000}$$
$$c = \frac{144}{8}$$
$$c = 18$$
c = 18 dm = 1,8 m

b) Flächeninhalt eines Drachen: $A = \frac{e \cdot f}{2}$

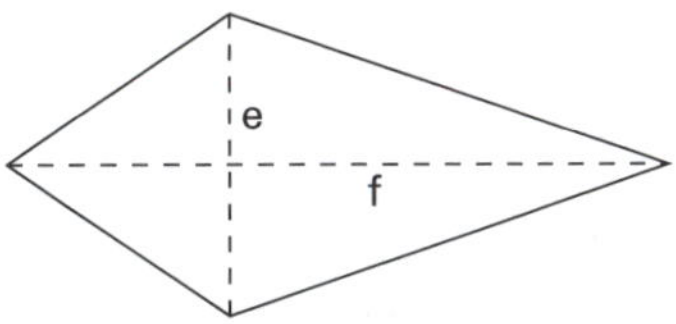

20 · f = 50 m   e = 2 m (Breite einer Bahn)

$f = \frac{50\text{ m}}{20} = 2{,}5$ m

Also: $A = \frac{e \cdot f}{2} = \frac{2 \cdot 2{,}5}{2} = 2{,}5$

$A = 2{,}5 \text{ m}^2$

Teil A1 (Pflichtteil)

Aufgabe 1

☒ $2x + 4$

Aufgabe 2

Die Zahlen müssen zwischen $\frac{1}{3} = \frac{4}{12}$ und $\frac{3}{4} = \frac{9}{12}$ liegen,

also z. B. $\frac{6}{12} = \frac{1}{2} = 0{,}5$ oder $\frac{8}{12} = \frac{2}{3}$.

Um festzustellen, ob die Zahlen größer als $\frac{1}{3}$ und kleiner als $\frac{3}{4}$ sind, müssen die Brüche gleichnamig gemacht werden, d. h. auf den gemeinsamen Nenner erweitert werden.

Aufgabe 3

$154 \cdot 715 = 110\,110$

Damit das Ergebnis zwischen 110 und 120 liegt, müssen die Kommas insgesamt um 3 Stellen nach links verschoben werden, also:

$15{,}4 \cdot 7{,}15$ oder $1{,}54 \cdot 71{,}5$

Aufgabe 4

$90{,}00\ € \mathrel{\hat{=}} 100\ \%$

$67{,}50\ € \mathrel{\hat{=}} \frac{100\ \% \cdot 67{,}5}{90} = 75\ \%$

Der neue Preis beträgt 75% des ursprünglichen Preises. Die Tasche wurde also um 25 % im Preis reduziert.

Aufgabe 5

Das gleichseitige Dreieck hat einen Gesamtumfang von 9 cm.

Da es in der Aufgabenstellung um ein beliebiges Viereck geht, sind unendlich viele Lösungen möglich:

z. B. ein Rechteck oder Parallelogramm, wobei die Summe der Seitenlängen zweier benachbarter Seiten 4,5 cm betragen muss, also z. B. $a = c = 3$ cm, $b = d = 1{,}5$ cm.

Für ein Quadrat gibt es nur eine Lösung, nämlich $a = \frac{9}{4}$ cm = 2,25 cm. Für Rauten mit dieser Seitenlänge gibt es aber wieder unendlich viele Lösungen mit unterschiedlichen Winkeln.

Bei einem allgemeinen Viereck muss bei der Zeichnung darauf geachtet werden, dass die längste Seite kleiner als 4,5 cm ist, da sonst kein geschlossenes Viereck gebildet werden kann.

Aufgabe 6

$V = 5\text{ cm} \cdot 5\text{ cm} \cdot 5\text{ cm} - 3\text{ cm} \cdot 4\text{ cm} \cdot 5\text{ cm}$
$V = 125\text{ cm}^3 - 60\text{ cm}^3 = 65\text{ cm}^3$

Alternative Lösung:

Ich zerlege den Körper in zwei Quader mit den Seitenlängen a = b = 5 cm, c = 1 cm und einen dritten Quader in der Deckplatte des Körpers mit den Maßen 5 cm, 3 cm und 1 cm.
Daraus ergibt sich:
$V = 2 \cdot (5\text{ cm} \cdot 5\text{ cm} \cdot 1\text{ cm}) + 5\text{ cm} \cdot 3\text{ cm} \cdot 1\text{ cm}$
$V = 2 \cdot 25\text{ cm}^3 + 15\text{ cm}^3$
$V = 65\text{ cm}^3$

oder:

Ich zerlege den Körper in zwei Quader mit den Seitenlängen a = 5 cm, b = 4 cm, c = 1 cm und einen dritten Quader, die Deckplatte des Körpers, mit den Maßen 5 cm, 5 cm, und 1 cm.
Daraus ergibt sich:
$V = 2 \cdot (5\text{ cm} \cdot 4\text{ cm} \cdot 1\text{ cm}) + 5\text{ cm} \cdot 5\text{ cm} \cdot 1\text{ cm}$
$V = 2 \cdot 20\text{ cm}^3 + 25\text{ cm}^3$
$V = 65\text{ cm}^3$

Aufgabe 7

Die relative Häufigkeit beträgt bei der Klasse 9a $\frac{6}{30} = \frac{12}{60}$.

Die relative Häufigkeit beträgt bei der Klasse 9b $\frac{5}{20} = \frac{15}{60}$.

Die relative Häufigkeit ist also bei der Klasse 9b größer.

Aufgabe 8

Toms Bau besteht aus 3 + 5 + 6 Würfeln (vorne, in der Mitte und hinten), also 14 Würfeln.
Lisa hat vorne 4 Würfel und in der Mitte und hinten je 7 Würfel gesetzt, also insgesamt 18 Würfel.

Aufgabe 9

Die Reisegruppe hat $2 \cdot 48 = 96$ Personen.

$96 : 12 = 8$

Es werden mindestens 8 Boote benötigt.

Aufgabe 10

Die Werte lassen sich aus der Grafik ablesen:

x	-2	0	1	3
y	-7	-1	2	8

Teil A2 (Pflichtteil)

Aufgabe 1

In der Zeichnung beträgt die Höhe der Löwin 2,9 cm.
In Wirklichkeit beträgt die Höhe 2,9 cm · 40 = 116 cm = 1,16 m.

Die Löwin ist 1,16 m hoch.

Aufgabe 2

80 € + 40 € + 20 € = 140 €

100 % ≙ 140 €

$75\,\% \triangleq \frac{140 \cdot 75}{100}\,€ = 105\,€$

Im Geschäft A müsste er 105 € bezahlen.

60 € + 25 € + 15 € = 100 €

Im Geschäft B müsste er weniger, und zwar 100 € bezahlen.

140 € ≙ 100 %

$40\,€ \triangleq \frac{100\,\% \cdot 40}{140} = 28{,}6\%$

Im Geschäft B hätte er 28,6 % gespart.

Aufgabe 3

6371 km + 365 km = 6736 km

Der Radius der Umlaufbahn beträgt 6736 km.

$u = 2r\pi = 2 \cdot 6736\text{ km} \cdot \pi \approx 42\,324\text{ km}$

(Je nach Genauigkeit des Rechners kann das Ergebnis variieren, mit π = 3,14 ergibt sich 43 302 km.)

In 91 min legt die ISS 42 324 km zurück.
In 60 min legt sie $\frac{42\,324 \cdot 60}{91}$ km = 27 906 km zurück. *(bzw. 27 891 km)*
Die Raumstation ISS legt 27 906 km in 1 Stunde zurück.

Aufgabe 4

Die Länge eines Seilstücks lässt sich mit dem **Satz des Pythagoras** ausrechnen:

$c = \sqrt{(490\text{ cm})^2 + (1260\text{ cm})^2} = \sqrt{240\,100\text{ cm}^2 + 1\,587\,600\text{ cm}^2} = \sqrt{1\,827\,700\text{ cm}^2} \approx 1351{,}9\text{ cm}$

$2 \cdot 1351{,}9\text{ cm} = 2703{,}8\text{ cm} \approx 27{,}04\text{ m}$

Für beide Seilstücke werden mindestens 27,04 m benötigt.

Aufgabe 5

6 Personen schütteln jeweils 5 Personen die Hand. Wenn Person A Person B die Hand schüttelt, schüttelt Person B gleichzeitig Person A die Hand.

$6 \cdot 5 : 2 = 15$

Insgesamt werden 15 Mal Hände geschüttelt.

Teil B (Wahlteil)

Aufgabe 1

a) Die Grundfläche A des Behälters beträgt:
$A = r^2\,\pi$

Das Volumen des Zylinders beträgt:
$V = A \cdot h = (35\text{ cm})^2 \cdot \pi \cdot 50\text{ cm} = 192\,422\text{ cm}^3$

$100\,\% \triangleq 192\,422\text{ cm}^3$

$95\,\% \triangleq \frac{192\,422 \cdot 95}{100}\text{ cm}^3 \approx 182\,801\text{ cm}^3$

In dem Behälter befinden sich 182 801 cm^3 Wasser.
(Mit $\pi = 3{,}14$ ist das Ergebnis: 182 709 cm^3)

Alternative Rechnung:

$95\,\%\text{ von }50\text{ cm} \triangleq \frac{95 \cdot 50}{100}\text{ cm} = 47{,}5\text{ cm}$

Der Behälter ist nur bis zur Höhe von 47,5 cm gefüllt.

$V = A \cdot h = (35\text{ cm})^2 \cdot \pi \cdot 47{,}5\text{ cm} = 182\,801\text{ cm}^3$

b) $210\text{ l} = 210\,000\text{ cm}^3$

Lösungsbeispiele:

$21\text{ cm} \cdot 100\text{ cm} \cdot 100\text{ cm}$
$42\text{ cm} \cdot 50\text{ cm} \cdot 100\text{ cm}$
$20\text{ cm} \cdot 20\text{ cm} \cdot 525\text{ cm}$
$25\text{ cm} \cdot 100\text{ cm} \cdot 84\text{ cm}$ …

Aufgabe 2

a)

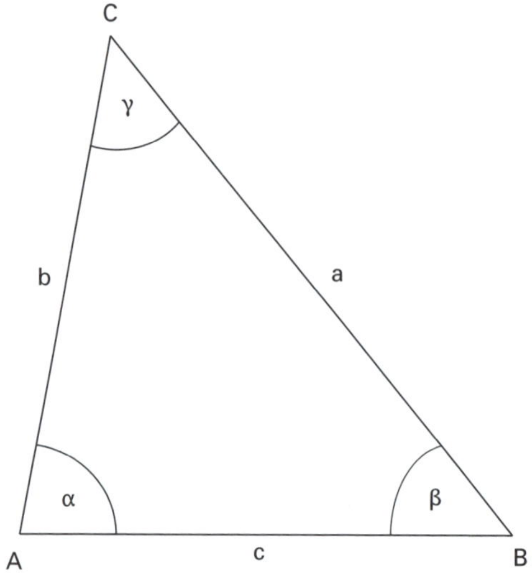

Da die Seiten b und c gleich lang sind, sind die Winkel β und γ ebenfalls gleich groß.
Die Winkelsumme im Dreieck ist 180°.

$180° - 80° = 100°$
$100° : 2 = 50°$

Winkel β = Winkel γ = 50°

b) Die Höhe $h_c = 5{,}9$ cm

$$A = \frac{c \cdot h_c}{2} = \frac{6 \text{ cm} \cdot 5{,}9 \text{ cm}}{2} = 17{,}7 \text{ cm}^2$$

Der Flächeninhalt beträgt 17,7 cm^2.

Um den gleichen Flächeninhalt des Dreiecks mit der Seite c = 10 cm zu erhalten, muss die Höhe h_c berechnet werden.

$h_c = 17{,}7 \text{ cm}^2 : 10 \text{ cm} \cdot 2 = 3{,}54$ cm

Die Höhe des Dreiecks beträgt 3,5 cm.

Beispiele:

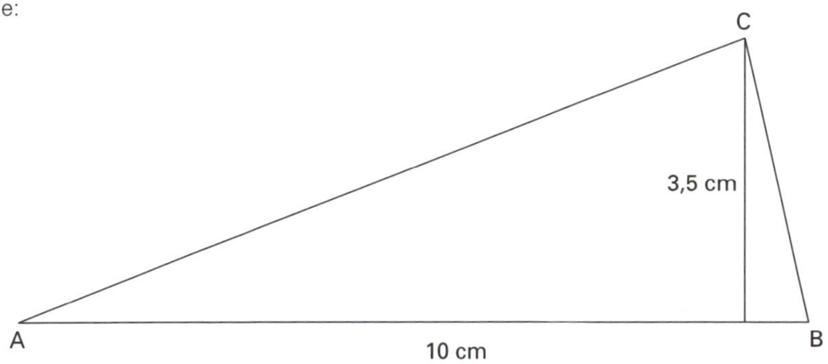

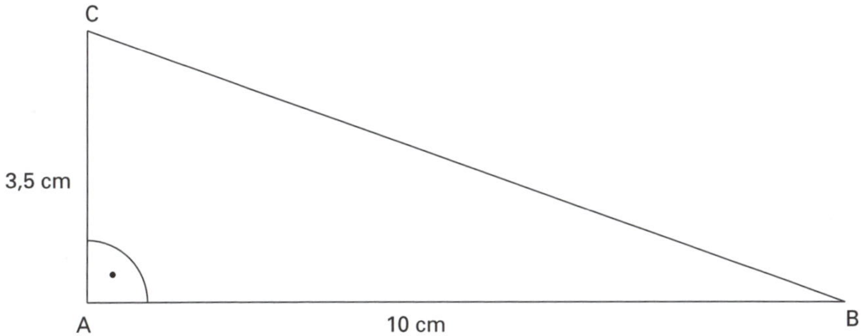

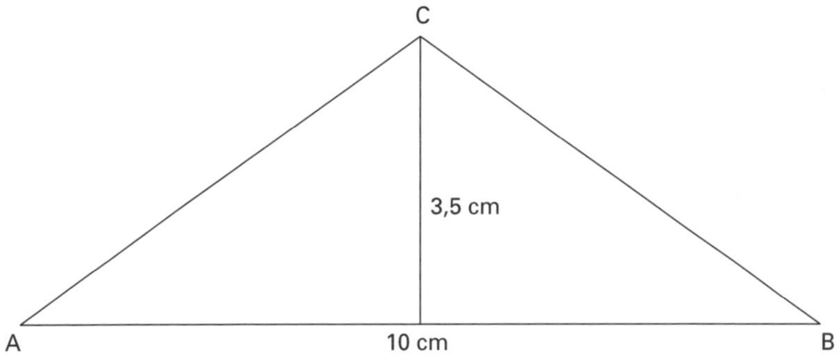

Aufgabe 3

a) Firma Schnell: Graph (2)

Firma Flott: Graph (3)

Firma Eilig: Graph (1)

Wertetabelle **A**: Firma Eilig (1)
Wertetabelle **B**: Firma Flott (3)
Wertetabelle **C**: Firma Schnell (2)

b) Aus der Grafik lässt sich der Wert für 230 km grob abschätzen.

Firma Eilig, Angebot A: 180 €
Firma Flott, Angebot B: 0,70 € · 230 = 161 €
Firma Schnell, Angebot C: 90 € + 0,25 € · 230 = 90 € + 57,50 € = 147,50 €

Das Angebot der Firma Schnell ist am günstigsten.

Für die Klasse 10b kommt nur das Angebot der Firma Flott infrage, da die Firma Schnell einen Grundpreis von 90 € und die Firma Eilig einen Gesamtpreis von 180 € hat.

80,00 € : 0,70 € = 114

Die Klasse 10b kann maximal 114 km zurücklegen.

Teil A1 (Pflichtteil)

Aufgabe 1

☒ 10 075

Aufgabe 2

$2{,}5\ l \cdot 3 = 7{,}5\ l$

Mit 1 l kann man 4 Gläser füllen.

Mit 7,5 l kann man 7,5 · 4 Gläser = 30 Gläser füllen.

Aufgabe 3

$3\,700\,000 \cdot 100 = 3{,}7 \cdot 10^8$

Aufgabe 4

$100\ \% \mathrel{\hat{=}} 120\ €$ $\qquad 100\ \% - 75\ \% = 25\ \%$

$25\ \% \mathrel{\hat{=}} \frac{120 \cdot 25}{100}\ € = 30\ €$

Der neue Preis müsste 30 € betragen, deshalb stimmt diese Aussage nicht.

Aufgabe 5

$4 \cdot (3x - 2) = 8x + 7 - 6x - 10$ | ausmultiplizieren und zusammenfassen

$12x - 8 = 2x - 3$ | $-2x$ | $+8$

$10x = 5$ | $:10$

$x = 0{,}5$

Aufgabe 6

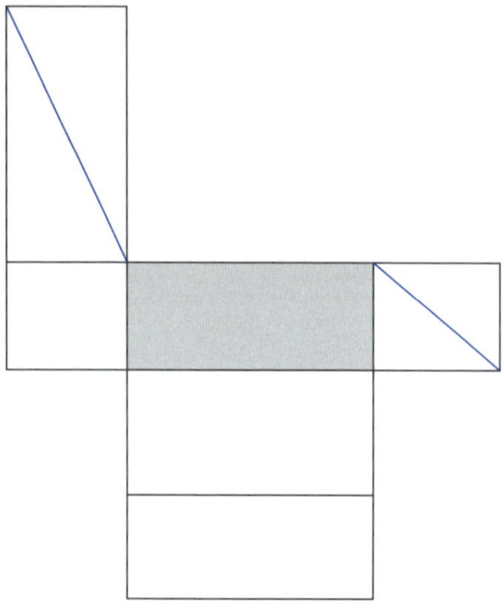

Aufgabe 7

Ja, weil die Grundseite und die Höhe bei allen drei Parallelogrammen gleich sind und damit auch der Flächeninhalt: $A = a \cdot h$

Aufgabe 8

$2 \cdot 1 + 3 \cdot 2 + 7 \cdot 3 + 3 \cdot 4 + 2 \cdot 5 = 51$
$51 : 17 = 3$

Der Durchschnitt ist 3.

Aufgabe 9

25 von 50 sind 50 %, 10 von 50 sind 20 %, 15 von 50 sind 30 %.

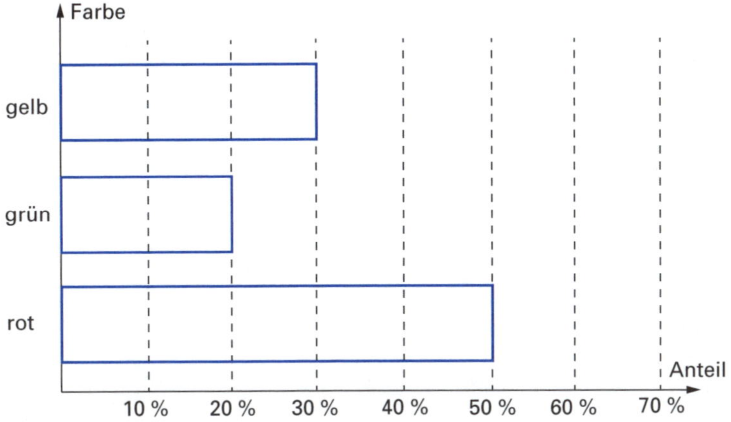

Aufgabe 10

Gewicht in g	20	30	60
Anzahl der Schrauben	80	120	240

Teil A2 (Pflichtteil)

Aufgabe 1

100 % ≙ 1700 Mio. Papierbecher

70 % ≙ $\frac{1700 \cdot 70}{100}$ Mio. Becher = 1190 Mio. Becher = 1,19 Mrd.

Jährlich werden 1,19 Mrd. Plastikdeckel verwendet.

Aufgabe 2

Oberfläche der Pyramide: O = G + M
$G = (10\ cm)^2 = 100\ cm^2$
$M = 2 \cdot 10\ cm \cdot 7\ cm = 140\ cm^2$
$O = 100\ cm^2 + 140\ cm^2 = 240\ cm^2$
$240\ cm^2 : 6 = 40\ cm^2$

Die schraffierte Fläche des Würfels beträgt 40 cm².

Aufgabe 3

Bei einem rechtwinkligen Dreieck ist die Summe der Flächeninhalte der Quadrate über den Katheten gleich dem Flächeninhalt des Quadrats über der Hypotenuse.

$(4{,}5\text{ cm})^2 + (5{,}3\text{ cm})^2 = 20{,}25\text{ cm}^2 + 28{,}09\text{ cm}^2 = 48{,}34\text{ cm}^2 \neq 49\text{ cm}^2$

$a^2 + b^2 = c^2$

Thorsten hat nicht recht.

Aufgabe 4

Das Angebot 1 gehört zu Diagramm B,
das Angebot 2 gehört zu Diagramm A,
das Angebot 3 gehört zu Diagramm C.

Preis für 1000 Flyer:
Angebot 1: $1000 \cdot 0{,}39\text{ €} + 45{,}00\text{ €} = 390\text{ €} + 45\text{ €} = 435\text{ €}$
Angebot 2: $1000 \cdot 0{,}45\text{ €} = 450\text{ €}$
Angebot 3: $500 \cdot 0{,}49\text{ €} + 500 \cdot 0{,}39\text{ €} = 245\text{ €} + 195\text{ €} = 440\text{ €}$

Das Angebot 1 ist das günstigste.

Aufgabe 5

26, 27, 29, 36, 37, 39, 46, 47, 49

Die Zahlen 26, 36 und 46 sind gerade Zahlen.
Die Wahrscheinlichkeit, eine gerade Zahl zu erhalten, ist $\frac{3}{9} = \frac{1}{3}$.

Teil B (Wahlteil)

Aufgabe 1

a) 135° ≙ 270 Personen

$195° \triangleq \frac{270 \cdot 195}{135}$ Personen = 2 · 195 Personen = 390 Personen

Von den befragten Personen achten 390 Personen auf den Preis.

b) 7,5 cm + 5 cm + 2 cm + 1,5 cm = 16 cm

16 cm · 500 = 8000 cm = 80 m

2,5 m kosten 62,50 €

80 m kosten $\frac{62{,}50 \cdot 80}{2{,}5}$ € = 2000 €

Der Zaun kostet 2000 €.

Aufgabe 2

a) Bei gleicher Summe der Seitenlängen eines Vierecks beinhaltet das Quadrat die größte Fläche.

40 Zaunteile : 4 = 10 Zaunteile

Die größte Fläche wird von dem Quadrat mit der Seitenlänge 10 Zaunteile gebildet.

b) $A_1 = 8 \cdot \frac{a \cdot h_a}{2} = 8 \cdot \frac{2 \cdot 2{,}41}{2}\ m^2 = 8 \cdot 2{,}41\ m^2 = 19{,}28\ m^2$

$A_2 = \frac{a + c}{2} \cdot h_a$

$19{,}28\ m^2 = \left(\frac{2 + 5}{2} \cdot x\right) m^2$

$19{,}28\ m^2 = 3{,}5\ m \cdot x\ m \qquad | : 3{,}5\ m$

$x = 5{,}51\ m$

Die Länge der Dachform 2 beträgt 5,51 m.

Aufgabe 3

a)

Aussage	wahr	falsch
Je mehr Flächen es sind, umso größer ist die Wahrscheinlichkeit, eine bestimmte Farbe zu drehen.		x
Die Wahrscheinlichkeit für jede Farbe ist gleich groß.	x	
Eine gewünschte Farbe ist lange nicht gedreht worden. Die Wahrscheinlichkeit, diese Farbe beim nächsten Mal zu drehen, ist nun höher.		x
Wenn die Wahrscheinlichkeit, eine Farbe zu drehen bei 12,5 % liegt, dann ist das Glücksrad in 8 Flächen unterteilt.	x	

b) A_1 (Rechteck) = 22,0 cm · 14,5 cm = 319 cm^2

A_2 (Trapez) = $\frac{22 + 16}{2}$ cm · h_a

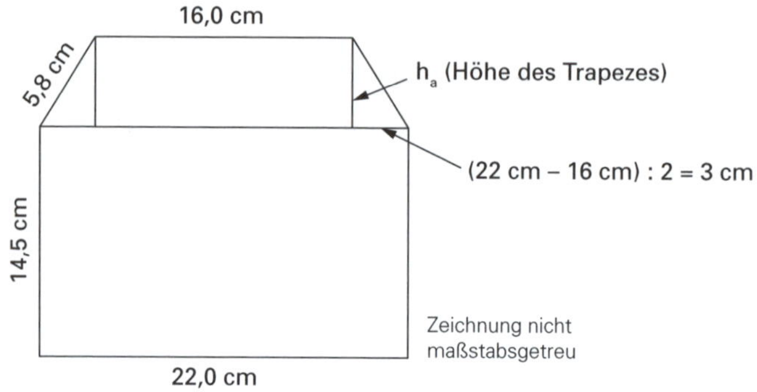

$h_a = \sqrt{c^2 - a^2} = \sqrt{(5{,}8\text{ cm})^2 - (3\text{ cm})^2} = \sqrt{33{,}64\text{ cm}^2 - 9\text{ cm}^2} = \sqrt{24{,}64\text{ cm}^2} \approx 5\text{ cm}$

A_2 (Trapez) = $\frac{22 + 16}{2}$ cm · 5 cm = 19 cm · 5 cm = 95 cm^2

$A_1 + A_2$ = 319 cm^2 + 95 cm^2 = 414 cm^2

Die Gesamtfläche beträgt 414 cm^2.

Aufgabe 4

a) **Bank A**

K (nach 1 Jahr): $1850\,€ + \frac{1850 \cdot 0{,}9}{100}\,€ = 1850\,€ + 16{,}65\,€ = 1866{,}65\,€$

K (nach 2 J): $1866{,}65\,€ + \frac{1866{,}65 \cdot 0{,}9}{100}\,€ = 1866{,}65\,€ + 16{,}80\,€ = 1883{,}45\,€$

K (nach 3 J): $1883{,}45\,€ + \frac{1883{,}45 \cdot 0{,}9}{100}\,€ = 1883{,}45\,€ + 16{,}95\,€ = 1900{,}40\,€$

Berechnung mit der Zinseszinsformel:

$$K\text{ (neu)} = K \cdot \left(1 + \frac{p}{100}\right)^n$$
$$= 1850\,€ \cdot 1{,}009^3\,€$$
$$= 1900{,}40\,€$$

Bank B

K (nach 1 Jahr): $1850\,€ + \frac{1850 \cdot 0{,}4}{100}\,€ = 1850\,€ + 7{,}40\,€ = 1857{,}40\,€$

K (nach 2 J): $1857{,}40\,€ + \frac{1857{,}40 \cdot 1{,}1}{100}\,€ = 1857{,}40\,€ + 20{,}43\,€ = 1877{,}83\,€$

K (nach 3 J): $1877{,}83\,€ + \frac{1877{,}83 \cdot 1{,}3}{100}\,€ = 1877{,}83\,€ + 24{,}41\,€ = 1902{,}24\,€$

$1902{,}24\,€ - 1900{,}40\,€ = 1{,}84\,€$

Bei Bank B bekommt man nach 3 Jahren mehr Zinsen.

b)

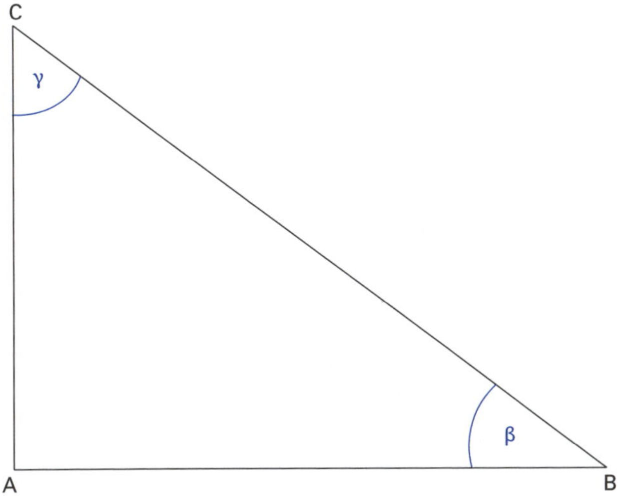

Ein gleichseitiges Dreieck ist drehsymmetrisch, daher sind die Mittelpunktswinkel gleich groß.

$\delta = 360° : 3 = 120°$

Andere Berechnung:
Durch die Winkelhalbierenden des gleichseitigen Dreiecks entstehen drei gleichschenklige Dreiecke. Da die Basiswinkel jeweils 30° betragen, ergeben sich für den Mittelpunktswinkel 120°.

Mathematik-Prüfung 2022

Teil A1 (Pflichtteil)

Aufgabe 1

0,89 € + 0,89 € + 9,78 € + 18,99 € + 0,95 € = 31,50 €

Jannik muss insgesamt 31,50 € bezahlen.

Aufgabe 2

$\frac{1}{4} < \boxed{\frac{1}{3}} < \frac{2}{5}$

andere Lösungen: Zahlen zwischen 0,25 und 0,4, z. B. 0,3 oder Brüche zwischen $\frac{5}{20}$ und $\frac{8}{20}$.

Aufgabe 3

30 % $\triangleq$ 24 €

100 % $\triangleq \frac{24 \cdot 100}{30}$ € = 80 €

Die Hose kostete vorher 80 €.

Aufgabe 4

$$\begin{aligned} 35x + 16 - 12x &= 18x - (23 + 8x) && | \text{ zusammenfassen} \\ 23x + 16 &= 10x - 23 && | -16 - 10x \\ 13x &= -39 && | :13 \\ x &= -3 \end{aligned}$$

Aufgabe 5

Ja, Dilara hat recht.

Der Flächeninhalt (Rechteck und Parallelogramm): a · h (Grundseite mal Höhe), der Flächeninhalt des Trapezes: m · h (Mittellinie mal Höhe).

Die Höhen sind in allen drei Figuren gleich, die Grundseiten in Rechteck und Parallelogramm sowie die Mittellinie im Trapez sind gleich lang. Also ist auch der Flächeninhalt der drei Figuren gleich groß.

Aufgabe 6

V(Quader) = 20 dm · 10 dm · 15 dm = 3000 dm^3

3000 Würfel haben Platz.

Aufgabe 7

Jedes Rechteck ist ein Parallelogramm. (Je zwei Seiten sind parallel und gleich lang.)

Beim Drachen sind die gleichlangen Seiten nebeneinanderliegend und nicht parallel. Die Raute und das Quadrat haben vier gleich lange Seiten.

Aufgabe 8

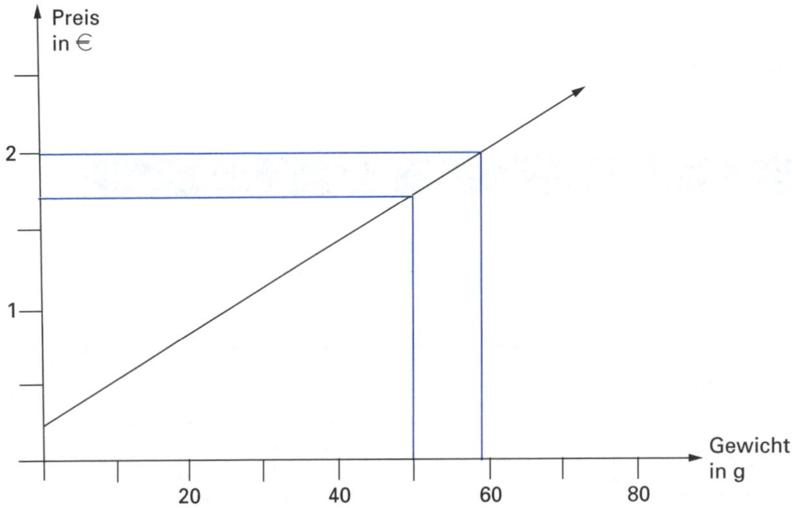

50 g Lachs kosten ca. 1,70 bis 1,80 €, für 2 € erhält man 56 bis 59 g Lachs.

Aufgabe 9

Es müssen 2 gerade Zahlen und eine ungerade Zahl ergänzt werden.

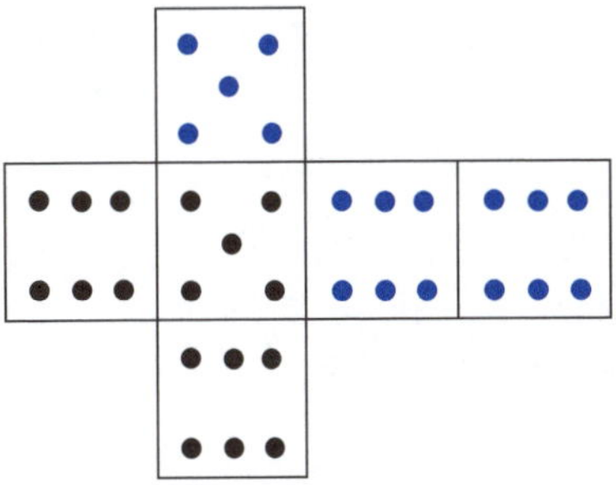

oder auch

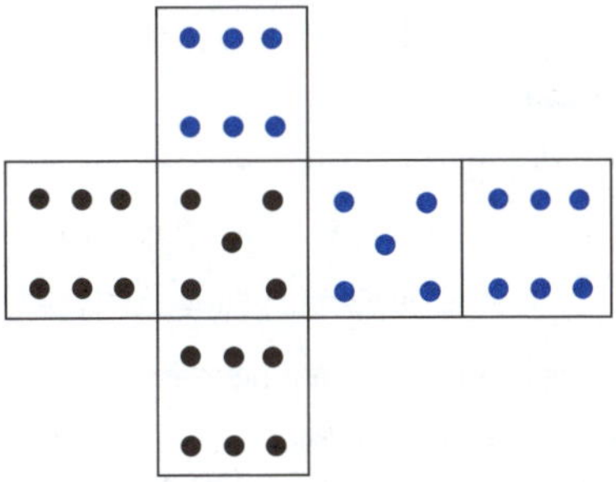

Aufgabe 10

Montag	Dienstag	Mittwoch	Donnerstag	Freitag
45	103	83	65	24

(45 + 103 + 83 + 65 + 24) : 5 = 320 : 5 = 64

Pro Tag werden durchschnittlich 64 Eiskugeln verkauft.

Teil A2 (Pflichtteil)

Aufgabe 1

Aussage	wahr	falsch
20 % haben für Spanien gestimmt.	x	
Mehr als 14 % haben Kroatien angegeben.	x	
$\frac{3}{10}$ der Personen haben ein „sonstiges" Urlaubsziel genannt.		x
Jeder Zehnte hat für Griechenland gestimmt.	x	

20 % sind 480, die Aussage für Spanien ist auch wahr.
14 % von 2400 = $\frac{14 \cdot 2400}{100}$ = 336. Kroatien haben 346 angegeben, also ist diese Aussage ebenfalls wahr.
$\frac{3}{10}$ von 2400 = 240 · 3 = 720. Es sind aber nur 565 Personen, die ein „sonstiges" Urlaubsziel angegeben haben. Die Aussage ist somit falsch.
10 % von 2400 sind 240, die Aussage für Griechenlandurlauber/-innen ist richtig.

Aufgabe 2

Der zusammengesetzte Körper ist aus einem Quader und einer Pyramide gebildet.

$V_{Quader} = A \cdot h = 3\text{ cm} \cdot 3\text{ cm} \cdot 2\text{ cm} = 18\text{ cm}^3$

$V_{Pyramide} = \frac{\text{Grundfläche} \cdot \text{Höhe}}{3} = \frac{3\text{ cm} \cdot 3\text{ cm} \cdot 6\text{ cm}}{3} = 18\text{ cm}^3$

Das Volumen des zusammengesetzten Körpers beträgt also 36 cm^3.

Der Quader (links im Bild) hat die Grundfläche: $A = 3\text{ cm} \cdot 3\text{ cm} = 9\text{ cm}^2$
Die Höhe des Quaders wird berechnet: $h = V : A = 36\text{ cm}^3 : 9\text{ cm}^2 = 4\text{ cm}$
Die Höhe des Quaders beträgt 4 cm.

Aufgabe 3

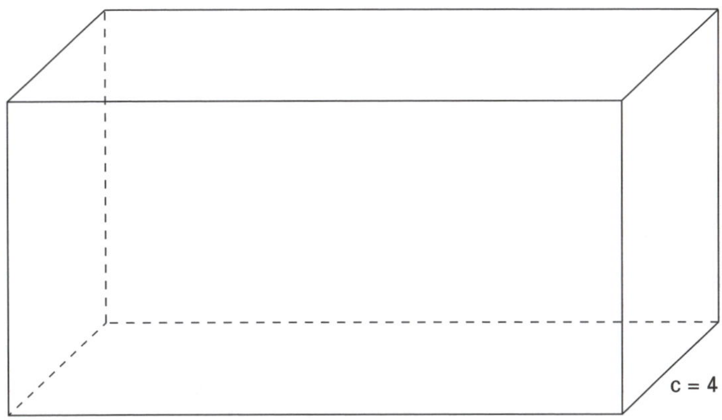

Zeichne die Vorderseite des Quaders, ein Rechteck mit den Maßen a = 8 cm, b = 4 cm.
Zeichne die 4 Seitenlinien im Winkel von 45° in der Länge der Hälfte von c, also 2 cm.
Verbinde die 4 Endpunkte der gezeichneten Seitenlinien. Strichle die nicht sichtbaren Kanten.

Aufgabe 4

Die Flügelspannweite beträgt in der Zeichnung ca. 7,5 cm.
7,5 cm · 8 = 60 cm.

Die Spannweite beträgt 60 cm.

Je nach Messung kann auch mit 7,4 cm oder 7,6 cm gerechnet werden, die reale Spannweite wäre dann 59,2 cm oder 60,8 cm.

Aufgabe 5

Der Würfel hat 6 Flächen, von denen 2 eine gerade Zahl enthalten, die Wahrscheinlichkeit, beim Würfeln eine gerade Zahl zu erhalten, beträgt also $w = \frac{2}{6} = \frac{1}{3}$.

Der Tetraeder-Spielwürfel hat nur 4 Flächen, von denen auch 2 gerade sind.
Hier ist die Wahrscheinlichkeit $w = \frac{2}{4} = \frac{1}{2}$, **also größer als beim Würfel**.

Teil B (Wahlteil)

Aufgabe 1

a) **Angebot A:**
50 € · 14 = 700 €
3400 km – 400 km = 3000 km
0,90 € · 3000 = 2700 €
700 € + 2700 € + 100 € = 3500 €

Bei Angebot A müsste die Familie 3500 € zahlen.

Angebot B:
60 € · 14 = 840 €
0,99 € · 3400 = 3366 €
840 € + 3366 € = 4206 €
Von diesem Gesamtpreis werden 10 %, also 420,60 €, abgezogen:
4206 € – 420,60 € = 3785,40 €

Das Angebot B würde 3785,40 € kosten.

3785,40 € – 3500 € = 285,40 €
Angebot A ist um 285,40 € günstiger als das Angebot B. Deshalb sollte sich Familie Huber für Angebot A entscheiden.

b) Die beiden Körper haben die gleiche Grundfläche und die gleiche Höhe.
Das Volumen der Pyramide beträgt $\frac{1}{3}$ des Volumens des Quaders.
Da der Quader aber zur Hälfte gefüllt ist, würde das Wasser überlaufen, denn die Hälfte ist größer als ein Drittel.
$\frac{1}{2} > \frac{1}{3}$

Aufgabe 2

a) 9,3 % von 11 086 = $\frac{9{,}3 \cdot 11\,086}{100} \approx 1031$
Es mussten 1031 Millionen Tonnen durch den Suezkanal transportiert werden.

23 % von 1031 = $\frac{23 \cdot 1031}{100} \approx 237$
237 Millionen Tonnen waren Öl und Treibstoffe.

b) Hier wird der **Satz des Pythagoras** angewendet: $c^2 - b^2 = a^2$

$$(69{,}3)^2 - (24)^2 = a^2$$
$$4802{,}49 - 576 = 4226{,}49$$
$$a = \sqrt{4226{,}49}$$
$$a \approx 65$$

Skizze:

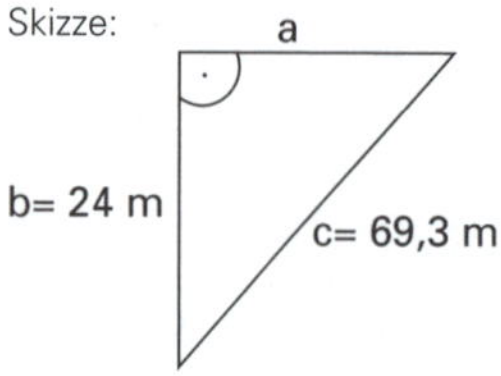

215,0 m + 2 · 65 m = 345 m

Die Länge a muss auf beiden Seiten ergänzt werden.

Aufgabe 3

a) Lisa erhält einen Gewinn, wenn sie 2 oder 6 Felder vorrücken darf. Es gibt insgesamt 12 Drehergebnisse:

3 + 3	$\sqrt{9}$	4,5 – 1,5	2^2	3^2	$\sqrt{16}$	5 – 2	$\sqrt{25}$	2,5 + 1,5	$\sqrt{36}$	1^2	$\sqrt{4}$
6	3	3	4	9	4	3	5	4	6	1	2

Von diesen 12 Ergebnissen sind 3 günstig, nämlich die 6 im 1. und 10. Feld und die 2 im 12. Feld.
Die Wahrscheinlichkeit, einen Gewinn zu erzielen, beträgt
$w = \frac{3}{12} = \frac{1}{4}$.
Lisa erhält mit der Wahrscheinlichkeit 1 : 4 oder 25 % einen Gewinn, wenn das Rad einmal gedreht wird.

b) Die Funktionsgleichung A (y = -3) entspricht der Wertetabelle Nr. 1.
Hierzu gehört der Graph c:

Die Funktionsgleichung B (y = -x + 2) entspricht der Wertetabelle 3 und dem Graph a.

Die Funktionsgleichung C (y = 2x) entspricht der Wertetabelle 2 und dem Graph b.

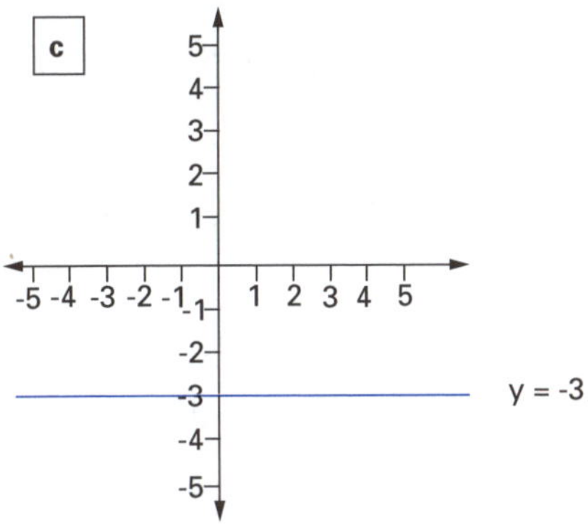

3	x	y
	-3	5
	-2	4
	-1	3
	0	2
	1	1
	2	0
	3	-1

C	y = 2x

Aufgabe 4

a) 38 236 : 484 = 79
Das Video wurde vor 79 Tagen hochgeladen.

24 min · 38 236 = 917 664 min
917 664 min : 60 = 15 294 — 917 664 min ≙ 15 294 h
15 294 h : 24 h = 637,26 — 15 294 min ≙ 637,26 d

Nico hat nicht recht. 637 Tage sind weniger als 2 Jahre.

Alternative Rechnung:
2 Jahre ≙ $2 \cdot 360 \cdot 24 \cdot 60 = 1\,036\,800$ min
$1\,036\,800$ min > $917\,664$ min

b) Die Fläche des Geheges setzt sich aus drei geometrischen Flächen zusammen:
Rechteck mit den Seitenlängen 7 m und 6 m,
rechtwinkliges Dreieck mit den Maßen
$a = r = 3$ m, $b = 7$ m $- 3$ m $= 4$ m, $c = 5$ m
und einem Viertelkreis mit dem Radius $r = 3$ cm.

$A_{Rechteck} = a \cdot b = 7\text{ m} \cdot 6\text{ m} = 42\text{ m}^2$

$A_{Dreieck} = \frac{b \cdot a}{2} = \frac{4\text{ m} \cdot 3\text{ m}}{2} = 6\text{ m}^2$

$A_{Kreis} = r^2\,\pi : 4 \approx 28\text{ m}^2 : 4 = 7\text{ m}^2$

$42\text{ m}^2 + 6\text{ m}^2 + 7\text{ m}^2 = 55\text{ m}^2$

Die Gesamtfläche des Geheges beträgt 55 m^2.

Der Umfang des Kreises beträgt:
$U = 2 \cdot 3\text{ m} \cdot \pi \approx 18{,}8$ m, die Länge des Kreisbogens: $18{,}8\text{ m} : 4 = 4{,}7$ m.
Der Umfang der Gesamtfläche beträgt:
$7\text{ m} + 2 \cdot 6\text{ m} + 5\text{ m} + 4{,}7\text{ m} = 28{,}7$ m.

Es werden also 28,7 m Zaun benötigt.

Ergebnisse auf einen Blick

Hier finden Sie schnell die richtigen Lösungen für die von Ihnen bearbeiteten Aufgaben.
Es sind nur die Endergebnisse ohne Lösungswege angegeben. Die ausführlichen Lösungswege sind auf den vorangegangenen Seiten dargestellt.

Lösungen 2020

Teil A1 (Pflichtteil) – Seite 86

1. ☒ $2x + 4$
2. z. B. 0,5 und $\frac{2}{3}$
3. $15{,}4 \cdot 7{,}15$ oder $1{,}54 \cdot 71{,}5$
4. 25 %
5. siehe ausführliche Lösung
6. 65 cm^2
7. rel. Häufigkeit bei 9b ist größer.
8. Tom: 14 Würfel, Lisa: 18 Würfel
9. 8 Boote
10. siehe ausführliche Lösung

Teil A2 (Pflichtteil) – Seite 88

1. 1,16 m
2. 105 €; 28,6
3. 27 906 km
4. 27,04 m
5. 15 Mal

Teil B (Wahlteil) – Seite 89

1. a) 182 801 cm^3
   b) z. B. 21 cm · 100 cm · 100 cm
2. a) $\beta = \gamma = 50°$
   b) 17,7 cm^2, siehe ausführliche Lösung
3. a) Schnell: Graph 2, Wertetabelle C
   Flott: Graph 3, Wertetabelle B
   Eilig: Graph 1, Wertetabelle A
   b) Schnell: 147,50 €
   114 km

Lösungen 2021

Teil A1 (Pflichtteil) – Seite 93

1. ☒ 10 075
2. 30 Gläser
3. $37 \cdot 10^7$ oder $3{,}7 \cdot 10^8$
4. Die Aussage ist falsch.
5. $x = 0{,}5$
6. siehe ausführliche Lösung
7. Ja
8. 3,0
9. siehe ausführliche Lösung
10. Gewicht in g: 60
    Anzahl der Schrauben: 80

Teil A2 (Pflichtteil) – Seite 95

1. 1,19 Milliarden
2. $40\ cm^2$
3. Thorsten hat nicht recht.
4. 1B, 2A, 3C; günstigstes Angebot: 1
5. $\frac{1}{3}$

Teil B (Wahlteil) – Seite 97

1. a) 390 Personen
   b) 2000 €
2. a) als Quadrat
   b) 5,51 m
3. a) falsch, wahr, falsch, wahr
   b) $414\ cm^2$
4. a) 1,84 €; Bank B
   b) siehe ausführliche Lösung, $\delta = 120°$

Lösungen 2022

Teil A1 (Pflichtteil) – Seite 100

1. 31,50 €
2. z. B. 0,3 oder $\frac{1}{3}$
3. 80 €
4. x = -3
5. Ja, Dilara hat recht.
6. 3000 Würfel
7. ☒ Parallelogramm
8. 1,75 €; 56 bis 59 g
9. siehe ausführliche Lösung
10. 64 Eiskugeln

Teil A2 (Pflichtteil) – Seite 102

1. wahr, wahr, falsch, wahr
2. h = 4 cm
3. siehe ausführliche Lösung
4. 60 cm
5. Bei dem Tetraeder ist die Wahrscheinlichkeit größer (0,5).

Teil B (Wahlteil) – Seite 104

1. a) Angebot A (ist um 285,40 € günstiger)
   b) Das Wasser läuft über.
2. a) 1031 Mio. t; 237 Mio. t
   b) 345 m
3. a) $\frac{1}{4}$ oder 0,25
   b) 1Ac; 3Ba; 2Cb
4. a) 79 Tage; nein, 637 Tage
   b) 55 m^2; 28,7 m

Notizen

A – Listening Comprehension

1. Conversations

	A	B	C
a)			x
b)		x	
c)			x
d)	x		
e)			x

2. Voicemail message

a)	Dr. Miller is ill.
b)	8 am to 2 pm.
c)	Henry Street.
d)	1122887.
e)	the beep.

3. Conversation

	A	B	C
a)			x
b)		x	
c)		x	
d)	x		
e)			x
f)		x	

4. Interview

	Letter
a)	E
b)	C
c)	F
d)	D
e)	B
f)	A

B – Text-based Tasks

Part 1

a) C b) D c) B d) A

Text 1

Part 2

A d) B c) C e) D b) E a)

Part 3

a) false b) true c) not in the text d) false e) true

Part 4

a) A b) C c) A d) B e) C

Part 5

a) The idea was to draw attention to the many problems that are facing our environment.
b) The exhibition lasted for six months.
c) Some countries have hosted the main celebrations two or more times [...].
d) Each year the celebrations focus on a particular problem.
e) Whatever you do, you won't be alone.

Text 2

Part 2

A b) B d) C a) D c)

Part 3

a) false b) false c) not in the text d) true e) true

Part 4

a) C b) B c) C d) A e) B

Part 5

a) If so, you're not alone.
b) Sometimes food was hard to find [...].
c) It's very difficult to climb in cold weather and storms, but Gerlinde loves it.
d) Some adventurers are always looking for a new challenge.
e) Amazingly, Erik is blind and he wants other blind people to have active lives too.

Text 3

Part 2

A c) B d) C b) D a)

Part 3

a) true b) false c) true d) not in the text e) false

Part 4

a) B b) B c) A d) C e) A

Part 5

a) They put the bear in a lorry and took it to the mountains outside the city.
b) Big animals usually come into cities to find food.
c) Human food is very bad for the baboons' teeth because it has a lot of sugar.
d) But the city can be dangerous for baboons too.
e) Many people in Moscow like the dogs.

C – Use of Language

Text 1

Part 1

1 feel 2 their 3 from 4 more 5 calm 6 are

Part 2

a) quicker b) positive

Part 3

a) pain b) enormous

Part 4

a) not inside a building
b) to realise something by seeing, hearing, or feeling it
c) to copy something

Part 5

- Why are trees actually needed for the survival of our planet earth?
- How can trees take in so much sunlight?
- What other things can you learn from trees?

Text 2

Part 1

1 everyone 2 who 3 snow 4 those 5 will 6 exploring

Part 2

a) warmer b) ancient

Part 3

a) culture b) discovery

Part 4

a) something extremely large in size, number, or amount
b) to like something more than something else
c) to keep a particular fact in your mind

Part 5

- How much does a journey to India cost?
- Where can I find out more about the actual travel dates?
- Do you offer solo tours as well or just group travels?

Text 3

Part 1

❶ across ❷ do ❸ hunting ❹ for ❺ when ❻ mostly

Part 2

a) hungrily b) frequently

Part 3

a) quickly b) probably

Part 4

a) changing from solid to liquid
b) to stay alive, especially in a difficult or dangerous situation
c) something happening often

Part 5

- How many polar bears are left in the world?
- What can we do to help polar bears to survive?
- Do people living close to polar bears have guns to defend themselves?

D – Writing

Part 1

1. From: chris.mart@mail.de
To: ronbest@mail.co.uk
Subject: our summer holidays

Hi Ron,

The bike tour along the south coast of England is my favourite. And we will probably sleep in a tent at different campsites. We can meet young people to play games or have dinner with in the open air.
Staying in your parents' holiday house sounds a bit boring. We would not meet any interesting people and we would only see the same lake and forest every day.

All the best,
Christoph

2. From: Charlotte_Schnei@mail.de
To: jess.todd@mail.ca
Subject: my summer job

Dear Jessica,

I would like to tell you about my summer job at the supermarket. My working hours are from 7 am to 1 pm Monday to Saturday. My job basically includes two things. First, stocking the shelves with food items and drinks. Second, I have to wipe the floors of the supermarket twice a day to keep it clean for the customers.
I get paid 9 € an hour, which is not bad at all. Have you found a holiday job already?

Take care,
Charlotte

Part 2

1. **A person very special to me**
I'd like to tell you about my granddad. He was caring, intelligent and above all, he could always answer any questions I had. He was always patient, he never laughed, no matter how silly the question and he helped me whenever he could. I could always rely on him and in my thoughts I still talk to him and ask his advice. If I should ever become a granddad, I want to be that kind of rock for my grandchildren, too.

2. **My perfect day during school holidays**
The most important thing is sleeping in. Then I get up and have a nice long breakfast. Afterwards I cycle into town to meet my friends. There we stroll through the shopping mall, not necessarily buying stuff but just looking at the offers. After a quick lunch we go and check what new movies are on and go to the cinema for the afternoon show. In the evening I go home and have a nice supper with my family and spend some quality time with them as well.

A – Listening Comprehension

Part 1

	A	B	C
a)			x
b)	x		
c)			x
d)			x
e)		x	

Part 2

	Fitness classes
a)	2015
b)	punching, kicking
c)	Pound
d)	black room, only UV lights
e)	upbeat music

Part 3

a) E   b) F   c) H   d) C   e) A

Part 4

a) B   b) C   c) A   d) C   e) B

B – Text-based Tasks

Part 1

a) A   b) B   c) A   d) A   e) C

Part 2

a) B   b) E   c) C   d) A   e) D

Part 3

a) false   b) false   c) true   d) not in the text   e) true

Part 4

a) As a child he was fascinated by western films and their heroes …
b) On horseback he crosses the American states …
c) … in the end Lucky wins and brings them back to where they belong.
d) … there is much more than just the comic strips.
e) … the 'Lonesome Cowboy' is even with you at school – on pencil cases and school bags!

Part 5

a) A   b) B   c) C   d) C   e) A

C – Use of Language

Part 1

❶ were ❷ most ❸ on ❹ took ❺ death ❻ while

Part 2

a) found b) always

Part 3

a) famous
b) injured

Part 4

a) Pets are animals that live in people's flats or houses, almost as if they were normal family members. The most popular pets are dogs and cats.
b) to give a polite and/or friendly sign of welcome when meeting somebody
c) June is the sixth month of the year, after May and before July.

Part 5

- What kind of food do dogs eat and how often do they need to be fed?
- Can it be dangerous for very small children to play with dogs?
- Where and when do dogs need to be put on a leash?

D – Writing

Part 1

From: Kiara.Herzog@online24-7.de To: info@yourdiner.co.uk
Subject: Application for holiday job as a waitress

Dear Madam or Sir,

My name is Kiara Herzog. I am 15 years old and I live in Schwäbisch-Hall, Germany.
For two reasons, waiting in a restaurant in England would perfectly fit my interests. First, my favourite school subject is English. Second, in the last two years I have gained quite some experience as a server in a Chinese restaurant and an ice-cream parlour.
Would you kindly let me know what the working times and the salary would be? And is there a particular dress code for servers in your restaurant?

Yours sincerely,
Kiara

Part 2

Last month I spent a week in Munich. My aunt lives there, and she invited me over to stay at her place. This was her birthday present to me. Aunt Conny is really cool, and she showed me some of the most famous sights in Munich: the town hall with its glockenspiel clock tower, the Cathedral of Our Dear Lady ('Frauenkirche' in German), the Olympic Stadium and Nymphenburg Palace. One day, Conny took me to a traditional Bavarian restaurant, where we had pretzels ('Brezel' in German) and white sausages with sweet mustard. This is a typical Bavarian snack which is usually eaten before 12 noon. That was absolutely delicious. Munich is really a great place to visit!!

A – Listening Comprehension

Part 1

	A	B	C
a)			x
b)		x	
c)	x		
d)	x		
e)			x

Part 2

	Museum Context
a)	gift
b)	frogs
c)	Victoria Street
d)	1834
e)	wizard

Part 3

a) C b) E c) G d) D e) A

Part 4

a) B b) B c) A d) B e) C

B – Text-based Tasks

Part 1

a) A b) C c) C d) B e) B

Part 2

a) D b) E c) B d) A e) C

Part 3

a) false b) true c) not in the text d) true e) false

Part 4

a) B b) D c) G d) I e) K

Part 5

a) A b) B c) A d) B e) B

C – Use of Language

Part 1

❶ their ❷ was ❸ over ❹ teenagers ❺ became ❻ a lot of

Part 2

a) saw b) soon c) beautiful

Part 3

a) young b) first c) bigger

Part 4

a) A teenager is a young person (male or female) aged between 13 and 19.
b) When somebody or something is popular, he, she or it is known and liked by many people.
c) to put colour on a surface / on something (with a brush or a roller)

Part 5

Lösungsvorschläge:

- What made you start writing your tag on walls and in stations?
- When did you start painting?
- Where do you come from?
- How old are you now?
- What does your tag TAKI 183 mean?
- Do you like modern graffiti?
- Who is your favourite street artist?
- Have you ever had problems with the police?

D – Writing

Part 1

From: lena.schmitz@online24-7.de To: games@scottishhighlands.co.uk
Subject: Details about Highland Games

Dear Madam or Sir,

My name is Lena Schmitz. I am 15 years old and I live in Freiburg, Germany.
I would like to give a school presentation about the Highland Games. I have already found lots of pictures about the Games, but I am still short of video clips. If you have any videos of the Games, would you kindly email them to me? Maybe you also have funny video clips showing things that have gone wrong while tossing the caber, throwing hammers or lifting stones, for example.
Thank you in advance for your help.

Yours sincerely,
Lena

(99 Wörter)

Part 2

My Best Holiday Ever

Last summer I had the best holiday ever. My parents took me on a two-week trip to the Greek island Santorini. The island is just fantastic. It was sunny and very warm throughout the entire two weeks, and we spent quite some time on breath-taking beaches. The water was deep blue and crystal clear. What I enjoyed most of all, however, were the evenings when my parents and I strolled around lovely villages which consist almost exclusively of bright white houses with blue doors, windows, gates or rooftops. And the food!!! I just loved the gyros, fried calamari and stuffed vine leaves. Believe me, nothing beats having dinner on Santorini, watching the sunset from the terrace of a cosy restaurant. (120 Wörter)

A – Listening Comprehension

Part 1

	A	B	C
a)			x
b)	x		
c)			x
d)	x		
e)	x		

Part 2

	FRIDAYS FOR FUTURE
a)	August 2018
b)	strike(s) / climate
c)	2,200
d)	sailboat / boat
e)	their future / their children's future / (there is still) time to change

Part 3

a) D b) C c) F d) H e) G

Part 4

a) C b) C c) B d) A e) B

B – Text-based Tasks

Part 1

a) A b) C c) B d) B e) A

Part 2

a) B b) E c) A d) D e) C

Part 3

a) false b) true c) not in the text d) true e) false

Part 4

a) G b) F c) D d) H e) E

Part 5

a) B b) A c) B d) B e) C

C – Use of Language

Part 1

1 which 2 natural 3 Like 4 tallest 5 called 6 disappears

Part 2

a) fantastic (line 7) b) giant (line 9 / line 12) c) destroyed (line 12)

Part 3

a) area (line 2) b) to walk over (line 10) c) surrendered (line 12)

Part 4

a) Something magic that usually exists or happens in a fairytale.
b) To put on (special) clothes which make it hard to recognise that person.
c) A child that was born a short time ago.

Part 5

Lösungsvorschläge:
- Did you enjoy dressing up like a baby?
- How long did it take you to walk to the north coast of Britain?
- Was the giant Benandonner taller than you?

D – Writing

Part 1

From: martin.hostert@online24.de To: jameson@galwayfarmer.ie
Subject: My holiday job on your farm

Dear Mr Jameson,

My name is Martin Hostert. I am the 15-year-old boy from Pforzheim, Germany, who will be working on your farm this coming August. On the 5th August, I am going to fly from Frankfurt to Dublin. Then I am going to take the direct train to Galway. It arrives at 5:45 p.m. Would you kindly pick me up at the station?
Will it be enough if I bring my oldest jeans and shirts as well as my rubber boots and raincoat? Or will I need any other clothes on top of those? In our phone call last week you said that I would have to look after your sheep. Will I need to take care of any other animals? Is your farm part of a village or is it located very far from other farms and villages?
I am looking forward to your reply.

Yours sincerely,
Martin (149 Wörter)

Part 2

The most exciting event

Most of my friends have always dreamed of playing the guitar or the piano. My favourite musical instrument, however, has always been the drums. And I never stopped telling everybody about that, including my parents. On my 12th birthday, my parents asked me to go to the basement of our house. I could not believe what I found there: a complete drums set. I was overjoyed because this birthday present was like a dream come true. From that day onwards, I have practised playing the drums almost every day. And a couple of months ago I even joined a teenage rock band. (102 Wörter)

or

A special place

The place that I would like to see one day is Sydney, the biggest city in Australia. Sydney is located in the state of New South Wales in the south-east of Australia. Of course, I would travel to Sydney by plane because Australia is very far away. In fact, it lies on the other side of the world. There are a number of things I would be interested in seeing or doing there. First, I would like to hang out on Bondi Beach, one of the most famous beaches in the world. Second, I am keen to see the Sydney Opera House with its spectacular roof. Last but not least, I would love to take a sightseeing cruise of Sydney Harbour. (121 Wörter)

Notizen